PROCESSO *VERSUS* JUSTIÇA

LUIZ ROBERTO NASCIMENTO SILVA

PROCESSO *VERSUS* JUSTIÇA

FGV EDITORA

Direitos desta edição reservados à
FGV EDITORA
Rua Jornalista Orlando Dantas, 9
22231-010 | Rio de Janeiro, RJ | Brasil
Tel.: 21-3799-4427
editora@fgv.br | www.editora.fgv.br

Impresso no Brasil / *Printed in Brazil*

1ª edição: 2024

PREPARAÇÃO DE ORIGINAIS: Ronald Polito
PROJETO GRÁFICO DE MIOLO E DIAGRAMAÇÃO: Abreu's System
REVISÃO: Michele Mitie Sudoh
CAPA: Estúdio 513

Dados Internacionais de Catalogação na Publicação (CIP)
Ficha catalográfica elaborada pela Biblioteca Mario Henrique Simonsen/FGV

Silva, Luiz Roberto Nascimento, 1952-
Processo versus justiça / Luiz Roberto Nascimento Silva. – Rio de Janeiro : FGV Editora, 2024.
136 p.

Inclui bibliografia.
ISBN: 978-65-5652-315-6

1. Direito processual. 2. Poder Judiciário. 3. Justiça. I. Fundação Getulio Vargas. II. Título.

CDD – 341.4

Elaborada por Mariane Pantana Alabarce – CRB-7/6992

À memória de meu pai.

As leis são invenções dos mais fortes
para neutralizar os mais fracos.
Platão

A finalidade do direito não é abolir nem restringir,
mas preservar e aumentar a liberdade.
John Locke

Vivemos sob uma Constituição; mas a
Constituição é aquilo que os juízes dizem que é.
*Charles Evan Hughes, ex-presidente da
Suprema Corte americana*

Sumário

Prefácio

Tentamos todos há anos e há gerações entender as razões pelas quais o país, apesar de suas enormes potencialidades e de alguns avanços expressivos, continua a ser um devenir, um contínuo país do futuro, para usarmos a síntese e prognóstico de Stefan Zweig, fundamental para minha geração. Somos um país rico, mas desigual. Há uma minoria que usufrui de padrões internacionais de riqueza comparáveis aos das nações mais ricas do mundo, mas a maioria da população ainda vive com uma renda *per capita* muito pequena. Além disso, nossa formação histórica empurrou uma enorme massa de cidadãos para guetos de exclusão social. Nosso processo político nunca nos trouxe tranquilidade suficiente, de maneira que a cada eleição presidencial se tem a impressão de que uma grave ruptura pode ocorrer. Na Europa, os trens saem todos no horário, independentemente dos resultados eleitorais, e isso tem-se verificado mesmo em eleições bastante antagônicas e transformadoras do ponto de vista desses países. Entre nós, em cada eleição acirrada, apesar da eficácia e da velocidade das urnas eletrônicas, temos um clima de dúvida e confronto que não deveria mais existir.

A maior parte da nossa produção intelectual teórica concentra-se nas causas econômicas da desigualdade, ou seja, de renda ou de oportunidades, como a razão maior para esse profundo sentimento de injustiça social. A arquitetura econômica desigual do país é a abordagem mais preponderante. Outra parte expressiva concentra-se na análise do nosso modelo político como motivo para esse atraso no qual predomina a escolha de líderes carismáticos divorciados de um partido político sólido e permanente, o que faz com que a população, na sua maioria, tenha grande desinteresse pela política e pelo processo eleitoral por não entender e até ter certo desprezo por ele. Continuamos a insistir no voto obrigatório, impondo sanções a quem não comparece às urnas, mantendo uma legislação eleitoral totalmente dissociada da realidade que faz com que a eleição deixe de ser um ato de liberdade para ser uma obrigação. Se o cidadão não comparece à urna, é punido; a eleição não é assim uma escolha, mas antes um compromisso obrigatório. Os países mais desenvolvidos adotam todos o voto facultativo.

Somos um dos países onde a escravidão foi mais longa e para o qual milhões de homens e mulheres foram trazidos das nações africanas, convertidos em escravos em um sistema econômico fundado na escravidão, sendo uma das últimas nações a extingui-la, e tentamos até hoje sustentar a inexistência de preconceito racial no Brasil. Como se não bastasse, o número de pessoas negras, ou seja, que se autodeclaram pretas e pardas constitui 56% da população brasileira em 2022 e, apesar de se fazerem cada vez mais presentes na nossa sociedade, a população negra ainda não tem uma representatividade eleitoral compatível com essa maioria e continua segregada em quase todos os aspectos quando comparada à população branca.[1]

Ainda que todas essas razões sejam verdadeiras e resumam parte de nossas mazelas, quero introduzir uma questão nova que não vejo presente no debate nacional. Uma parte do nosso sentimento de vivermos numa sociedade injusta deriva também da ausência de uma justiça que atenda de forma efetiva o país. Talvez tenhamos chegado a um ponto extremo de dicotomia e dissociação do usuário do nosso sistema de justiça em face de um Poder Judiciário enorme, pesado e dos mais custosos do mundo, mas que não consegue dar resposta às demandas legítimas dessa sociedade em tempo razoável. Esse é o ponto. No Brasil, o direito processual deixou de ser um meio de apuração da verdade e de fazer justiça para ser um fim em si mesmo mantendo uma máquina processual cara e ineficiente. No sistema de repartição

---

[1] Gomes (2021); Rodrigues (1977); Silva (2017); Progresso... (2014); Combate... (2018); Além... (2024).

de poderes que caracteriza todas as democracias, o Judiciário brasileiro é o mais protegido e blindado dos nossos poderes, uma vez que nossos Legislativo e Executivo estão expostos ao controle da imprensa e das mídias sociais, sendo assim obrigados a prestar contas à sociedade. O Judiciário não, vive numa caixa-preta, blindada. Nosso problema não é propriamente a ausência de leis, mas sim de ausência de sua aplicação.

Nosso sistema é de certa forma requintado com leis que cobrem a maior parte das áreas importantes da sociedade e com uma produção teórica sólida; mas isso não basta. Temos um Judiciário estruturado com planos de carreira organizados e um acesso à magistratura normalmente feito por antiguidade e por merecimento, mas isso também não é o suficiente. É preciso fazer mais. Na arquitetura dos poderes o Judiciário é o que está mais fora de esquadro. Não podemos deixar que a população não acredite na nossa justiça, como acontece hoje. Esse sentimento gera uma descrença na capacidade da nossa sociedade encontrar no Judiciário o conforto e a confiança de que ele pode, em tempo razoável, refazer as graves injustiças que toda sociedade produz e que são especialmente constantes e presentes nas sociedades como a nossa com muitos excluídos. Em passado recente, esse sentimento não existia com a intensidade que temos hoje porque a justiça se processava de forma muito mais rápida. Vivemos hoje numa nação judicializada. Uma sociedade justa não é apenas aquela que gera crescimento e riqueza, assegura o emprego e distribui a renda, mas também a que permite que a Justiça possa harmonizar seus conflitos num tempo razoável.

Processo versus *Justiça* sugere antagonismo e confronto e o leitor pode se perguntar qual é a razão deste título para um livro se o processo é o meio pelo qual a justiça se realiza entre nós e no mundo inteiro. Exatamente por isso o escolhi, para ressaltar desde o início esse antagonismo e contrassenso que não deveria ocorrer, mas que tem ocorrido no Brasil e que desejo alertar para podermos agir e quem sabe modificar. Acredito que no final você, leitor, estará de pleno acordo com a escolha dele para título do livro.

No final do século passado, Georges Ripert vaticinou que "expulsos da filosofia e da política, os juristas refugiaram-se na técnica". Se os advogados não voltarem a assumir posições no debate nacional, permanecerão excluídos dele com estão hoje. Os economistas, a partir das décadas de 1970 e 1980, passaram a ocupar entre nós o espaço público de formulação de ideias mantendo com muita inteligência e competência este domínio. Grande parte dos nossos advogados esquece ou não conhece igualmente a observação cristalina de Eugene Rostow de que "os objetivos dos economistas só se tornam planos efetivos através dos meios formulados pelo Direito". Os advogados da geração de meu pai, a quem este livro é dedicado, participaram decisivamente dos rumos do país deixando contribuições sólidas nesse sentido, o que hoje não mais ocorre. Constato que atualmente grande parte dos advogados limita-se a pensar dentro das estreitas linhas da legislação editada, especialmente os da área fiscal e tributária (Ripert, 2021).

Não quero refugiar-me na técnica. Acredito integral e sinceramente na força e na importância do direito. Qual outra ciência humana ou social pode dizer o mesmo? Provavelmente nenhuma outra. Recue no tempo e você vai sempre encontrar o direito tentando regular o poder político, atuando para resolver os conflitos entre os homens e seus litígios, punindo os crimes e os delitos. Trata-se de uma ciência atemporal. Essa crença no direito é essencial para que nossa sociedade volte a crer na justiça e que ela possa ser exercida pelos advogados, juízes e membros do Ministério Público que precisam se unir para aperfeiçoar o que está disfuncional. Este ensaio é antes de tudo uma tentativa de participar deste esforço para destravar a máquina judiciária permitindo uma justiça mais rápida, tarefa tão importante quanto reduzir a disparidade de renda e de oportunidades, como refrear a segregação da população negra, quanto impedir a formação de guetos de exclusão social neste nosso país tão rico, mas tão desigual e injusto.

A importância do Poder Judiciário

É necessário entender como as sociedades ocidentais caminharam para o desenho político e constitucional atual pelo qual em todo o mundo o poder é exercido por três funções: legislativa, executiva e judiciária. O que hoje nos parece absolutamente natural só veio a ser definido com clareza apenas no século XVIII. Na maior parte da nossa história, essas funções foram todas elas exercidas concentradamente pelo monarca, fosse ele rei, príncipe ou sultão, mesmo que pudesse delegar parte dessas funções a seus funcionários ou prepostos por comodidade ou conveniência ou pelo misto das duas coisas.

Devemos a Locke e Montesquieu a teoria de separação dos poderes como uma técnica para conter o poder pelo próprio poder, o que depois veio a ser compreendido como um sistema de freios e contrapesos da política. É curioso saber que Montesquieu também foi dos primeiros pensadores a adotar e defender um conceito de lei científica para as ciências humanas, rompendo assim com a submissão da política à teologia e aproximando as leis políticas das ciências empíricas, notadamente da revolucionária física newtoniana. Se "as leis são relações necessárias que derivam da natureza das coisas", o que ele se propôs a investigar foi exatamente esse espírito das leis que viria a ser o título de sua obra fundamental.

Montesquieu fez um longo ensaio intitulado "As razões da grandeza dos romanos e de sua decadência", quando descreveu como o fracasso da administração pública produziu revoltas em Roma e a guerra civil, fazendo com que o poder militar acabasse por dinamitar o poder político do Senado. Trata-se de uma análise extremamente original do mais importante império do mundo ocidental que experimentou a monarquia, a república e o império durante seus mais de 1.200 anos, sendo um marco da ciência política. Demonstrou como seus conflitos internos foram solapando essa sociedade poderosa, pois "enquanto Roma conquistava o universo, havia em suas muralhas uma guerra oculta", o que viria a possibilitar no século III d.C. as contínuas invasões dos bárbaros e com elas a destruição e a agonia desse imenso império. Do ponto de vista literário, é considerado por muitos seu melhor texto.[2]

Montesquieu fez depois uma viagem à Inglaterra, onde estudou e examinou a estrutura bicameral do Parlamento britânico, ou seja, a Câmara Alta, constituída pela nobreza e a Câmara dos Comuns, eleita pelo voto popular, e conjuntamente as funções dos três poderes: Executivo, Legislativo e Judiciário. Essa temporada iria modificar totalmente sua visão de mundo no que ele consideraria as bases constitucionais da liberdade.

Deixemos, portanto, que ele mesmo nos explique com suas palavras esse conceito fundamental — o da separação dos poderes —, central para o funcionamento das instituições democráticas como hoje as conhecemos:

> Quando se reúne na mesma pessoa, ou no mesmo corpo de magistratura, o Poder Legislativo e o Poder Executivo, não existe liberdade; porque pode-se temer que o próprio monarca, ou o próprio Senado, faça leis tirânicas para executá-las tiranicamente.
>
> Também não existe liberdade se o Poder de Julgar não estiver separado do Poder Legislativo e do Poder Executivo. Se estivesse ligado ao Poder Legislativo, o poder sobre a vida e a liberdade dos cidadãos seria arbitrário: pois o juiz seria legislador. Se estivesse unida ao Poder Executivo, o juiz teria a força de um opressor.

---

2 Montesquieu (2017); Gibbon (1989). É interessante comparar a decadência do Império Romano na visão de Montesquieu com a visão de Gibbon, que escreveu anos depois, e que chegam a conclusões semelhantes por caminhos diferentes. Gibbon publicou sua obra em vários volumes muitos anos depois do livro de Montesquieu sobre o mesmo tema que certamente o influenciou.

> Tudo estaria perdido se o mesmo homem, ou o mesmo corpo de principais, ou de nobres, ou do povo, exercesse esses três poderes: o de fazer leis, o de executar as resoluções públicas, e o de julgar os crimes e pendências entre particulares [Montesquieu, 2017:36].

Estava assim conceituado um sistema de freios e contrapesos, o *check and balances* essencial para o equilíbrio de um regime mais democrático que seria melhor desenvolvido no século XIX. Com sua obra, Montesquieu possibilitou que as funções estatais tivessem clara definição e que um poder controlasse o outro, criando uma balança no universo político que equilibrasse esse exercício. O órgão legislativo seria responsável pela elaboração das leis. O executivo, por administrá-las. Ao judiciário caberia a tarefa de decidir as controvérsias e litígios.

É evidente que a trajetória dos Estados Unidos teria que ser diferente da França de Montesquieu e dos demais países europeus obrigados a investir em exércitos permanentes com fortes preocupações de manter suas monarquias estáveis e, por isso mesmo, sem pretenderem e nem poderem expandir seus territórios. O percurso dos Estados Unidos seria outro: assegurar governos populares, manter sua expansão territorial e uma orientação econômica nova e moderna de um país jovem.

A Revolução Americana teve dois momentos fundamentais bem distintos. O primeiro, o da luta da Independência da Inglaterra iniciada em 1776, que resultou também na sua famosa Declaração da Independência, e o segundo, na organização posterior da nação entre 1787 e 1788. De maio a setembro de 1787, reuniu-se na Filadélfia uma Convenção com o objetivo de aperfeiçoar os Artigos da Confederação que haviam sido firmados ainda no calor da Guerra da Independência. O custo da guerra havia deteriorado as finanças do país e era preciso salvar a Confederação. Esse documento foi enviado aos estados para que fosse ratificado pelos governos locais, mas havia grande resistência. Para defenderem o texto e explicarem a necessidade de sua aprovação, Alexander Hamilton, James Madison e John Jay publicaram uma série de comentários na imprensa americana que hoje são conhecidos como os Artigos Federalistas. Havia dois grupos antagônicos: os Federalistas, favoráveis à aprovação e na sua maioria do Norte do país, e os antifederalistas, contrários a ela e residentes do Sul. Os primeiros eram favoráveis à aprovação dos Artigos da Confederação e da Constituição e os segundos tinham dúvidas sobre sua necessidade e por isso eram contrários a ela.

Num desses artigos, o de nº 78, Hamilton, cuja corrente acabou sendo vencedora, defendeu seu ponto de vista sobre a importância do Poder Judiciário:

> Relativamente à competência das cortes para declarar nulos determinados atos do legislativo, porque contrários à Constituição, tem havido certa surpresa, partindo do falso pressuposto de que tal prática implica uma superioridade do judiciário sobre o legislativo. [...] Consequentemente não será válido qualquer ato contrário à Constituição. [...] a independência completa dos tribunais de justiça é particularmente essencial a uma Constituição limitada.[3]

Assim, a contribuição norte-americana para assegurar a relevância do Poder Judiciário se faria muito mais pela prática jurisprudencial de sua Suprema Corte do que propriamente por uma produção teórica, como seu ex-presidente Charles Evan Hughes resumiu na frase que está em epígrafe na abertura do livro. O controle judicial da constitucionalidade das leis teria seu *leading case* com Marbury *vs.* Madison

---

[3] Hamilton, Jay e Madison (2021:45, n. 78 e 81). Em setembro de 1787, os Artigos da Confederação foram enviados para os estados para serem ratificados. Formaram-se dois grupos: os federalistas favoráveis à aprovação do texto e os antifederalistas contrários a ela. O estado de Nova York era um dos estados essenciais a serem convencidos e que tinha oposição ao texto. Hamilton, Madison e Jay escreveram vários artigos nos jornais de Nova York para convencerem seus habitantes a aprovarem os Artigos da Confederação. São 85 ensaios que examinam temas essenciais e retratam o espírito das reuniões e debates ocorridos na Filadélfia em 1787, essenciais para o entendimento do que seria a Constituição Americana aprovada em setembro de 1787. Eles consolidam o pensamento original desses *fathers founders* que formaram as bases jurídicas do que seria essa nova sociedade que interessa a todos nós.

(US, 1803), quando o *judicial review* foi fixado reconhecendo-se ao Judiciário o poder de julgar a legalidade dos atos dos demais poderes, podendo assim rever decisões tanto do Executivo como do Legislativo. O relator do caso foi o juiz John Marshall, que acabara de assumir a corte no final do mandato presidencial de John Adams numa eleição vencida por Thomas Jefferson, que era republicano. O novo secretário de Estado, James Madison, não entregou os diplomas de investidura para vários juristas nomeados por Adams, impossibilitando-os assim de exercer suas funções (US, 1803).

Entre esses diversos juízes de paz nomeados estava William Marbury, que pediu, por meio de um mandado de segurança — *writ of mandamus* —, o reconhecimento de sua nomeação e a entrega do seu diploma. Ocorre que, de acordo com um Judiciary Act de 1789, cabia à Suprema Corte exercer a jurisdição ordinária para expedir o mandado, mas a Constituição estabelecia que a Corte só atuaria como jurisdição recursal e, assim, o Judiciary Act, de acordo com Marshall, conflitava com a Constituição e essa devia prevalecer em relação à legislação ordinária, consolidando dessa forma o controle de constitucionalidade e afastando as leis federais que conflitavam com ela. Essa decisão de Marshall foi uma das mais importantes para o Poder Judiciário do mundo civilizado, sendo interessante refletir como um juiz como ele, com pouco estudo formal, foi capaz de construir uma solução de tanta inteligência política e acerto jurídico, sendo um exemplo preciso de como o direito, ao contrário do que muitos creem, é antes de tudo lógica e bom senso e não propriamente conhecimento enciclopédico. Reparem que ele teve que se equilibrar entre um poderoso presidente da República de outro partido como Jefferson e um secretário de Estado da importância de James Madison, um dos três federalistas, mas ao mesmo tempo pôde reafirmar a força da Constituição e a independência do Judiciário. Depois dessa histórica decisão, Marshall ainda conduziu a Suprema Corte dos Estados Unidos por mais de 35 anos. É curioso ressaltar como esses nomes dessa geração se alternaram em diversas funções de comando do país e por essa razão são conhecidos como *"the fathers founders"*. Esta sociedade norte-americana acreditou e teve consciência de que estava construindo "*a governments of laws, and not of men*", um governo de leis e não de homens, na feliz síntese do presidente John Adams (2001).

Com o processo Marbury *vs.* Madison consolida-se a opção original do direito constitucional norte-americano no qual há uma hegemonia do Judiciário sobre os demais poderes do Estado. Nele, Marshall esclarece com clareza sua visão sobre a hierarquia e prevalência da Constituição em qualquer confronto judicial:

> A todas as luzes, é da competência do poder judiciário determinar qual é a lei. Aqueles que aplicam a norma a casos particulares devem necessariamente expô-la e interpretá-la. Se duas leis conflitarem, às cortes cabe decidir a aplicação de cada uma delas.
> Se, por consequência, os tribunais devem examinar a Constituição e se a Constituição se sobrepõe a qualquer lei ordinária, a Constituição, e não a lei ordinária, há de prevalecer com relação à hipótese que ambas disciplinam [US, 1803].

O Judiciário é essencial para o funcionamento da democracia porque é por meio dele que o direito é aplicado às relações humanas, tornando possível a solução de seus conflitos. O juiz é o único solucionador civilizado do confronto de interesses levados à discussão pelas partes em litígio. O Judiciário origina-se de duas palavras latinas que são *jus* e *dicere*, ou seja, literalmente "dizer o direito". Cabe, portanto, a ele, no exercício de sua função, aplicar a lei como norma geral e ainda abstrata à situação concreta de cada caso e assim definir o direito aplicável a ele. Esse procedimento se efetiva mediante uma série de atos coordenados que ficaram conhecidos pelo nome de "processo". O Estado chama a si a responsabilidade de dirimir litígios, reprimir delitos e encontrar soluções que impedem que se faça justiça apenas por vingança, muitas vezes pelas próprias mãos, como durante muito tempo se fez, mas sim pela aplicação de regras jurídicas. Na lição sempre atual de Arruda Alvim, "podemos, assim, afirmar que a função jurisdicional é aquela realizada pelo Poder Judiciário, tendo em vista aplicar a lei a uma hipótese controvertida mediante processo regular, produzindo afinal coisa julgada com o que substitui, definitivamente, a atividade e a vontade das partes" (Arruda, 1978).

As instituições judiciárias brasileiras remontam à colonização portuguesa no continente americano. Na Europa do século XV, a justiça era um atributo real e não havia tripartição de poderes, sendo sempre uma expansão dos poderes reais que exerciam todas as atividades políticas, administrativas e judiciárias. Assim, em 1530, partindo de Lisboa, a expedição comandada por Martim Afonso de Souza foi muito importante porque entre os poderes que lhe foram concedidos estavam os especiais de julgar e decidir todos os casos civis ou criminais oriundos da expedição que tivessem relação com novo país.

Em outra etapa, os juízes ordinários, vereadores e demais funcionários seriam designados pelos donatários das capitanias hereditárias. Depois, os governadores-gerais estruturariam as três instâncias, obedecendo ao desenho das Ordenações Filipinas. Como segunda instância, foram instalados os Tribunais de Relação da Bahia, em 1609, e do Rio de Janeiro, em 1751. Acima desses Tribunais existiam apenas o Paço de Lisboa e as Juntas das Capitanias. No século XIX, entretanto, essas estruturas judiciárias sofreriam grandes mudanças.

Após a independência brasileira em 1822, a Constituição do Império, outorgada em 1824, regulamentou o Supremo Tribunal de Justiça e determinou a criação de Tribunais de Relação para o julgamento das causas em segunda instância. Em 11 de agosto de 1827, d. Pedro I inaugura os dois primeiros cursos jurídicos do Brasil, sendo um em Olinda e outro em São Paulo, ambos fundamentais para a formação jurídica do país e, por essa razão, nessa data comemora-se a profissão do advogado.

O controle de constitucionalidade foi atribuído ao Poder Judiciário brasileiro logo após o início da República, sob forte influência do liberalismo norte-americano e das críticas à monarquia que antecederam a queda do Império. Nosso sistema foi precedido de discussões em torno do fortalecimento das ideias e conceitos de república, federalismo e presidencialismo, que serviram de inspiração e fundamento para essa nova Constituição brasileira. Em 1891, com a nova Constituição, o sistema federativo foi instituído e construiu-se uma nova estrutura para o Judiciário pelo entendimento de que cada estado deveria ser autônomo para organizar seus Tribunais de Justiça, o que funciona até hoje.

No século XX, as Constituições de 1934, 1937 e de 1946 promoveram ajustes nessa nossa estrutura judiciária. O período militar de 1964 a 1985 adicionou novos ajustes no Judiciário por meio da Constituição de 1967 e das emendas constitucionais de 1969 e de 1977. Com a redemocratização do país e a promulgação da Constituição de 1988, o Poder Judiciário readquiriu a autonomia administrativa e financeira que havia perdido. Foi criado o Superior Tribunal de Justiça (STJ), que absorveu parte das funções que eram do Tribunal Federal de Recursos (TFR). Em 1995, surgiram os Juizados Cíveis e Criminais em substituição aos antigos Juizados de Pequenas Causas e, por fim, com a Emenda Constitucional nº 45/2004, foi criado o Conselho Nacional de Justiça (CNJ), que entre outras funções e atribuições importantes realiza uma radiografia anual do nosso sistema de justiça que é extremamente importante para o exame e controle do funcionamento do Poder Judiciário entre nós.

Temos, portanto, uma organização judiciária que soube ao longo do tempo evoluir e adaptar-se às circunstâncias históricas, sempre mantendo o sistema funcionando. Vivemos num país que financia seu Poder Judiciário com uma parcela importante e expressiva do seu orçamento mesmo quando comparada à de outras nações. Temos uma produção teórica em diversos ramos de muito boa qualidade. Estão reunidas, assim, todas as pré-condições para que nossa justiça se realize em tempo mais razoável, possibitando uma sociedade mais justa. Sobre esses temas vamos refletir com você, leitor, para depois concluir, sugerir e quem sabe auxiliar.

As quatro instâncias da Justiça brasileira

Apenas em 1215, quando o rei inglês João Sem Terra estava enfraquecido e assim obrigado a negociar com os barões de seu reino, é que pela primeira vez uma legislação impôs limites ao poder real. Essa legislação foi também a primeira Constituição escrita que assegurou a todos os cidadãos o direito a um julgamento regular. Estabeleceu, igualmente, que o rei não poderia aumentar os impostos no país sem autorização, na síntese clássica de "*no taxes without representation*". Embora furioso, o rei prometeu a seus barões que não tornaria a infringir os privilégios feudais como vinha fazendo e concordou com as exigências deles.

A Magna Carta é considerada atualmente uma das primeiras fontes do que seriam os futuros direitos do homem ao estabelecer, por exemplo, em seu artigo 39, uma regra que até hoje soa atual e necessária segundo a qual "ninguém poderá ser detido, preso ou despojado de seus bens, costumes e liberdades, senão em virtude de julgamento de seus pares, segundo as leis de seu país".

O que hoje entendemos como *due process of law*, ou o devido processo legal, provém, assim, do direito saxão pelo qual um ato praticado por uma autoridade, para ser considerado válido e eficaz, deveria seguir as etapas que a lei estabelece, ou seja, um processo ordenado. Como a Magna Carta foi originalmente escrita em latim, ela fazia referência às leis da terra ou *per legem terrae*, que eram o interesse central e exigência maior dos barões revoltados. Entretanto, muitos anos depois, o copista convocado para traduzi-la para o inglês adotou a expressão *due process of law* em seu lugar e essa expressão se consolidou mundialmente e adquiriu a universalidade que tem até hoje.

O estabelecimento dos primeiros colonos ingleses no Novo Mundo fez com que o princípio migrasse da sua matriz inglesa e passasse a integrar o sistema jurídico norte-americano transformando-se num poderoso instrumento de defesa dos direitos individuais. Por meio da Quinta Emenda da Constituição norte-americana, conhecida como Bill of Rights, de 1791, determinou-se que "ninguém seria privado de vida, liberdade e propriedade sem o devido processo legal", estabelecendo-se dessa forma o *due process of law* naquele país. Pouco depois esse princípio foi estendido aos estados pela 14ª Emenda, onde também pela primeira vez se introduziu o *equal protection of law*, completando o alcance e a extensão do *due process of law*.

No Brasil, esse princípio universal garante a todos que ninguém será punido sem um processo conduzido pelo Poder Judiciário por meio de um juiz natural, sendo assegurados ao réu o direito ao contraditório e a ampla defesa. Entre nós, o *due process of law* também reveste-se sempre de uma dimensão recursal porque a decisão de um único magistrado pode ser analisada e julgada por um colegiado que tem poder de confirmá-la ou modificá-la.

No direito brasileiro, o duplo grau de jurisdição foi introduzido de forma indireta, oblíqua e não explícita pela Constituição do Império de 1824 quando previu em seu artigo 158 que: "Art. 158. Para julgar as causas em segunda e última instância, haverá nas Províncias do Império as relações que forem necessárias para a comodidade dos povos".

Posteriormente, a Constituição de 1891 que funda a República, ao disciplinar o Poder Judiciário, estabelece que o duplo grau é assegurado de maneira também indireta pela possiblidade de revisão dos processos nos seguintes termos:

> Art. 59. Ao Supremo Tribunal compete:
>
> [...]
>
> 3. Rever os processos findos, nos termos do art. 81.
>
> § 1º. Das sentenças das justiças dos Estados em última instância haverá recurso para o Supremo Tribunal Federal.

As Constituições que surgiram posteriormente também não mantiveram dispositivo explícito; entretanto, a Constituição de 1988 certamente é o texto constitucional que mais claramente expressou uma ampla adesão ao duplo grau recursal quando determina:

> Art. 5º [...]
> LIV — ninguém será privado de liberdade ou de seus bens sem o devido processo legal.
> LV — aos litigantes, em processo judicial ou administrativo, e aos acusados em geral, são assegurados o contraditório e a ampla defesa, com os meios e recursos a ela inerentes.

Como se não bastasse, o Brasil é signatário do Pacto de São José da Costa Rica (Declaração Americana dos Direitos e Deveres do Homem), aprovado pelo Decreto Legislativo nº 27/1992, incorporado ao nosso ordenamento jurídico pelo qual em matéria penal o segundo grau de jurisdição se configura como um direito inquestionável do acusado que existe para ser amplamente exercido.

Para autores de expressão como Chiovenda, o duplo grau de jurisdição representa uma garantia fundamental importantíssima para os cidadãos por várias razões porque "a) um reiterado julgamento torna, já por si, possível a correção dos erros; b) porque os dois julgamentos são confiados a juízes diversos; c) o segundo juiz se apresenta como mais autorizado que o primeiro" (Chiovenda, 2000:288).

É importante que tenhamos em perspectiva que é no segundo grau que a justiça se realiza de maneira objetiva e permanente para as partes envolvidas nos processos. Toda decisão de primeiro grau é recorrível, como a legislação assegura, e, assim, normalmente o processo é levado ao segundo grau, salvo se o advogado responsável por ele perder o respectivo prazo recursal; o que não é comum. Por exemplo, em matéria tributária, quando o fisco perde uma demanda, há sempre um recurso à segunda instância *ex oficio* e o processo subirá mesmo que perempto, ou seja, mesmo que interposto fora do prazo legal, benefício que o contribuinte por seu turno não possui, pois é obrigado a apresentar seu recurso para que a decisão não transite em julgado.

O duplo grau de jurisdição foi assim uma evolução pela qual a sociedade entendeu necessário que toda decisão de um único magistrado pudesse ser revista por um colegiado que confirmaria essa sentença ou a reformaria. Seria desejável que a decisão singular pudesse ser examinada por mais de um juiz de maneira colegiada para que se produzisse uma decisão aprofundada e plural, levando-se em conta a possiblidade de erro nessa decisão individual. Isso é lógico e justo e por isso transformou-se num procedimento comum em todo o mundo; entretanto, nenhum outro sistema jurídico do mundo civilizado comporta e possui quatro graus de jurisdição como temos aqui. Esse é o ponto central e sobre o qual temos que refletir, concluir e agir. Ao contrário de um extenso grupo de advogados que culpabiliza e responsabiliza o duplo grau pela lentidão do nosso processo judicial, entendemos que não é esse o problema e tampouco o caminho por onde poderemos avançar. Nosso entendimento é que o problema se localiza no terceiro e quarto graus do nosso sistema judicial. O problema não é o duplo grau; mas sim o quádruplo.

O imbróglio está no fato objetivo de que, a rigor, toda demanda acaba subindo ao STJ e ao Supremo Tribunal Federal (STF) sob a forma de um recurso admitido ou por força de um agravo em caso de sua inadmissão. Na prática, temos, na maioria dos casos para os jurisdicionados que possuem advogados, um universo de quatro instâncias judiciais. Uma das frases mais populares no Brasil atual e que integra todos os nossos noticiários é: vou recorrer! Precisamos corrigir essa anomalia. A sociedade está cansada de ouvir essa frase diariamente na imprensa e vê-la praticada com fervor quase religioso. É patológico. Seria bom se pudéssemos ter e usar nas diversas Varas um simples carimbo dizendo "não cabe mais recurso!", ao invés de serem necessários e obrigatórios longos despachos de inadmissão como temos hoje.

Então o que fazer? Este é o título de um livro do Lênin (2015), publicado em 1902, quando ele tentou e conseguiu organizar as questões práticas do movimento comunista por ele liderado. O livro é antes de tudo um roteiro estratégico de como o partido deveria portar-se para ser eficiente ainda que quantitativamente não tivesse uma expressão majoritária no país, permitindo que esse partido ainda assim fizesse a primeira revolução comunista do século XX. Com outro sentido, lembro também de uma sugestão de Franklin Delano Roosevelt no meio de sua longa luta durante a Grande Depressão norte-americana quando sugeriu e suplicou: "Faça algo e, se não conseguir, faça outra coisa. Mas, acima de tudo, tente algo" (Leuchtenburg, 1963:58).

Atualmente, assiste-se no Poder Judiciário a uma crescente taxa de recorribilidade processual com um número gigantesco de interposição de recursos entre os tribunais dos diferentes estados da Federação com magistrados se posicionando de forma diversa em torno das mesmas questões. Nunca é demais lembrar que temos no Brasil 27 Tribunais de Justiça, 27 Tribunais Regionais Eleitorais, 24 Tribunais Regionais do Trabalho e cinco Tribunais Regionais Federais.

Uma das boas propostas para resolver este antigo impasse seria adotar, por exemplo, o projeto de Emenda Constitucional do ministro Cezar Peluso que o apresentou em 2011 quando era presidente do STF e que o fez dentro do amplo espectro do III Pacto Republicano daquele ano, que seria firmado pelos chefes dos Três Poderes e que acabou não se realizando.

Tratava-se de uma proposta de alteração na CF/88 que acrescentaria ao texto constitucional os arts. 105-A e 105-B, com o objetivo de reduzir o número de recursos ao STF e ao STJ, fixando o trânsito em julgado no segundo grau. O texto constitucional seria acrescido simplesmente de dois artigos numa redação de enorme economia, elegância e amplo sentido que alteraria a situação disfuncional que hoje vivemos. Seriam os seguintes:

> Art. 105-A — A admissibilidade do recurso extraordinário e do recurso especial não obsta o trânsito em julgado da decisão que os comporte.
>
> Parágrafo único. A nenhum título será concedido efeito suspensivo aos recursos, podendo o relator, se for o caso, pedir preferência no julgamento.

> Art. 105-B — Cabe recurso ordinário, com efeito devolutivo e suspensivo, no prazo de quinze (15) dias, da decisão que, com ou sem julgamento de mérito, extinga processo de competência originária:
> I — de Tribunal local, para o Tribunal Superior competente;
> II — de Tribunal Superior, para o Supremo Tribunal Federal.

A "PEC dos Recursos", como ficou conhecida, propunha a imediata execução das decisões judiciais após o pronunciamento dos tribunais de segunda instância, ou seja, os Tribunais de Justiça e os Tribunais Regionais Federais. Não haveria alteração nas hipóteses de admissibilidade dos recursos extraordinários para o STF, nem do especial para o STJ, mas isso não impediria que ocorresse o trânsito em julgado da decisão contra a qual se recorresse. Assim, essa PEC acabaria com o efeito suspensivo desses recursos, facultando ao ministro relator, se fosse o caso e se entendesse necessário, pedir preferência para o julgamento. Ela anteciparia o trânsito em julgado das decisões após o segundo grau, mas asseguraria que, caso o Especial ou o Extraordinário ao serem julgados fossem considerados procedentes, essas decisões seriam imediatamente adotadas e cumpridas.

Sabemos que os fatos essenciais e fundamentais que permitem a análise, a formação de uma convicção pessoal e o contorno jurídico de qualquer processo já foram fixados nestas duas primeiras instâncias e não podem ser revistos pelos Tribunais Superiores, nem pelo STJ, nem pelo STF, porque neles não mais se examinam provas, apenas teses jurídicas. As provas são produzidas e examinadas nos dois primeiros graus quando existe uma proximidade até física do magistrado com os fatos. O enquadramento do caso concreto sobre o qual incidirá a norma até esse momento abstrata já está formado na mente dos magistrados no segundo grau que podem confirmar ou reverter a decisão singular do primeiro grau, como ocorre em todo o mundo juridicamente civilizado.

Entretanto, essa proposta simples e cristalina foi desvirtuada. O senador Aloysio Nunes apresentou inicialmente um substitutivo que o ministro Peluso na ocasião considerou bom porque mantinha a essência do seu projeto. Entretanto, depois a PEC nº 15/2011 acabou sendo proposta pelo senador Ricardo Ferraço com outra redação e objetivo, uma vez que a emenda pretendia regular apenas a área penal fazendo com que os órgãos colegiados e o tribunal do júri pudessem expedir mandados de prisão tão logo as decisões condenatórias em ações penais fossem proferidas. O mecanismo jurídico para que isso ocorresse seria transformar o recurso extraordinário em ação rescisória extraordinária e o recurso especial em ação rescisória especial. Essa redação foi considerada inconstitucional e acabou arquivada e até hoje ficamos sem saber com segurança quais foram os grupos interessados em alterar o texto original do projeto.

A Associação dos Magistrados Brasileiros (AMB) sustenta há anos que os tribunais superiores recebem mais processos contra autoridades do que são capazes de julgar. Por exemplo, apenas 4,6% das ações penais abertas no STF desde 1988 foram julgadas. No caso do STJ, o índice é ainda menor: 2,2%. Isto é, dos 130 processos dessa natureza iniciados na mais alta corte brasileira, seis foram concluídos. Treze deles prescreveram antes de ir a julgamento. No STJ, das 438 ações penais ajuizadas no mesmo período, 16 foram julgadas. Houve condenação em cinco casos e absolvição em 11. Do total geral, 71 ações prescreveram antes do julgamento. É um balanço estarrecedor.

Caso se possa adotar o segundo grau como marco para o trânsito em julgado, os processos durariam em média cinco anos, quando atualmente com as quatro instâncias duram 20 anos. O duplo grau é assegurado, permite-se a apuração da verdade e se faz justiça, só que não se permite que o processo seja um fim em si mesmo, como tem ocorrido entre nós. Eles podem até seguir para o STJ e o STF, mas os efeitos imediatos das decisões de segundo grau já podem ser cumpridos e exercidos. Não haverá assim tanto interesse em propor recursos inúteis porque não existirá mais ganho de tempo, nem vantagem em protelar; diminuindo-se também a propositura de novas ações sem fundamentos sólidos. O Judiciário tem que ter coragem de cortar na própria carne e lucidez para reduzir a admissão desses recursos para os terceiros e quartos graus. A limitação da litigiosidade e o fim do manejo de tantos recursos reduziriam também os custos de manutenção das cortes superiores significando uma redução expressiva do custo do Poder Judiciário como um todo, ainda que esse aspecto não seja o mais relevante nesse caso, mas sim a realização da justiça num tempo humanamente razoável.

Em depoimento na Comissão de Constituição e Justiça do Senado Federal, em 7 de junho de 2011, o ministro Cezar Peluso debateu o projeto com os senadores. Ressaltou na ocasião a importância da redução do prazo para o trânsito em julgado dos processos e os efeitos que "essa antecipação e que esse encurtamento da decisão têm na vida das pessoas e na dinâmica da vida jurídica e dinâmica da vida social. Quem foi parte ou se ainda, infelizmente, é parte de uma causa que dure há muitos anos pode avaliar o que estou dizendo. Os senhores imaginam a incerteza que paira na vida das pessoas que não veem suas causas julgadas em tempo oportuno" [Senado Federal, 2011].

Citou como exemplo clássico as indenizações das ações expropriatórias que em geral não são recebidas pelos credores originários, mas pela segunda geração e não raro pelos netos. Lembrou também das indenizações dos diversos planos econômicos que até hoje tramitam na justiça sem reembolsar seus milhares de credores. Esclareceu e sustentou que

> os juízos de primeiro grau e os tribunais locais e regionais são os senhores da reconstrução dos fatos. Noutras palavras, eles são os senhores absolutos dos juízos sobre a existência dos fatos. A terceira e quarta instância, o terceiro e quarto graus de jurisdição não podem dizer nada sobre isso. Isso é competência absoluta dos juízes de primeiro grau e dos tribunais locais. São eles que verificam se o fato aconteceu ou não aconteceu [Senado Federal, 2011].

Tenho enorme simpatia pelos juízes e pela magistratura. Concordo integralmente com Monteiro Lobato quando afirmou que "o juiz é partícipe da lei. É o cérebro, o músculo, o nervo vivo que encarna os descarnados ossos do esqueleto textual e os põe vivos a agirem em prol da vida" (Lobato, 1955). Ao longo deste ensaio, tenho privilegiado o ponto de vista e as propostas dos integrantes da magistratura mais do que propriamente dos advogados, mesmo sendo advogado. Isso tem uma clara razão de ser. Os advogados do contencioso judicial adquirem uma tendência de concentrar toda sua clareza de raciocínio para atingir seu objetivo de vencer o caso mais do que para examinar todos os lados da questão de forma imparcial, pretendendo antes ganhar a causa do que fazer justiça; o que, diga-se de passagem, não é mesmo função deles.

Os juízes normalmente têm uma formação diversificada, começando muitas vezes em pequenas comarcas e evoluindo até as grandes capitais. Absorvem diversas realidades deste imenso país. Estão acostumados à arte de ouvir e são mais preparados e vocacionados para a imparcialidade. Sabem que o direito é, antes de tudo, invenção e uma necessidade do mais fraco, que na maioria dos casos é o demandante, pois o mais forte social e economicamente não necessita normalmente lutar por novos direitos e conquistas; apenas usufrui do muito que já detém. É quase sempre o mais fraco, o mais necessitado que faz a sociedade avançar.

Entendo que a essência do projeto Peluso está preservada até hoje porque nunca foi testada, mas antes desvirtuada, e este ensaio a recupera para o amplo debate público. Nas duas primeiras instâncias, a maior parte das provas e dos argumentos jurídicos é exposta e examinada. O recurso especial ao STJ e o extraordinário ao Supremo continuariam a existir normalmente, apenas se retiraria deles o efeito de impedir o trânsito em julgado das decisões. Os recursos que viessem a ser aceitos subiriam aos tribunais superiores imediatamente e os que fossem recusados não mais exigiriam longos despachos de inadmissão, agilizando o nosso sistema judicial.

O Poder Judiciário deveria conceber um novo projeto com esse objetivo de simplificar e agilizar nosso sistema recursal por meio de uma Comissão constituída especialmente para isso. Ela construiria um texto sólido para essa nova PEC, uma vez que será necessário alterar o texto constitucional, e convocaria para debater o texto membros qualificados do Poder Legislativo, a quem cabe a iniciativa das leis, para fazê-lo depois tramitar e por fim aprová-lo com a urgência que a matéria requer.

Dois casos concretos

Vamos analisar dois casos concretos de processos com muitas mortes, duas tragédias distintas de igual dramaticidade que, apesar de sua longa judicialização, continuam há anos sem resultados reais e práticos, e seus responsáveis diretos, ainda que identificados e condenados, continuam até hoje soltos, livres e sem qualquer punição. O primeiro deles é o maior massacre dentro de uma penitenciária no Brasil que foi a tragédia do presídio Carandiru em 1992. Cerca de 341 policiais da tropa de choque da Polícia Militar do Estado de São Paulo foram enviados para conter uma rebelião no Pavilhão 9 da Casa de Detenção no Complexo do Carandiru. Entraram com cães, bombas e armas pesadas contra prisioneiros indefesos. O saldo da operação foi a morte de 111 detentos sem ter havido nenhuma morte do lado dos policiais (Varella, 1999; Manso e Dias, 2019).

A intervenção foi conduzida pelo então secretário de Segurança Pública Pedro Franco de Campos, que deixaria o governo logo depois. O coronel Ubiratan Guimarães, que comandou diretamente a operação, foi indiciado e só foi a julgamento em 2001, depois de um processo que durou oito anos e que produziu 20 mil páginas. A perícia comprovou que mais de 75% dos mortos estavam sozinhos em suas celas, ou seja, sem gerar perigo ou risco para as forças policiais. Os tiros foram disparados com AR-15 e metralhadoras HL e Beretta, não para intimidar, porque não havia confronto; eles foram disparados para matar. As vítimas estavam em presídios públicos e sob a tutela e a reponsabilidade integral do Estado, sendo portanto injustificável o que aconteceu.

O coronel Ubiratan acabou condenado a 632 anos de prisão, mas teve o direito de recorrer em liberdade. Foi eleito deputado estadual em 2002 usando provocativamente o número 14.111 em homenagem e em referência aos 111 presos executados. Foi condenado em 2006, mas teve sua sentença anulada, pois foi absolvido pelo Órgão Especial do Tribunal de Justiça de São Paulo. A decisão causou revolta em todos os grupos de direitos humanos. O coronel acabou assassinado nesse mesmo ano e no muro do prédio onde morava foi pichada a seguinte frase: "Aqui se faz, aqui se paga".

Do Carandiru, duas grandes consequências merecem ser ressaltadas. De um lado, o governo do estado, com a posse do governador Mario Covas em 1995, iniciou uma reforma do sistema presidiário construindo novos presídios com menos vagas prisionais. O Carandiru na época da tragédia tinha quase 7 mil presos. Os novos presídios construídos em todo o estado seriam sempre menores, em torno de 800 pessoas por unidade. A outra consequência importante foi que os presos começaram a se organizar influenciados pelo convívio com presos políticos e em 1993 surgiu a primeira facção do Primeiro Comando da Capital (PCC), que funcionou como uma mistura de sindicato e cooperativa do crime organizado, passando a ter comando e ascendência sobre todo o sistema carcerário de São Paulo e de outros estados, domínio e comando que perduram até hoje.

Os processos dos responsáveis pela chacina do Carandiru ocorreram em várias etapas. Ao todo, 73 policiais foram acusados e condenados pelos assassinatos, mas ainda assim, em 2016, na última etapa, a pena de todos eles foi anulada por três desembargadores do Tribunal de Justiça de São Paulo. Depois, em 2021, o STJ, por meio de sua 5ª Turma, por unanimidade, anulou essa decisão do órgão colegiado que absolveu todos os réus e revalidou os julgamentos do Tribunal do Júri de São Paulo que condenaram esses mesmos policiais. Em 2023, o ministro Luís Roberto Barroso, do STF, reconheceu o trânsito em julgado das duas decisões do STJ reestabelecendo as condenações dos policiais. Os autos foram remetidos ao Tribunal de Justiça de São Paulo que precisa expedir os mandados de prisão desses policiais militares condenados pelo Tribunal do Júri, uma vez que não cabe mais qualquer discussão e a condenação tornou-se definitiva. Na prática, o massacre do Carandiru completou mais de 30 anos sem que os condenados tenham começado a cumprir suas penas, o que nos leva a questionar por que temos um sistema processual tão disfuncional no qual o processo prevalece sobre o seu objetivo maior que é fazer justiça.

Outro caso inexplicável é o incêndio da boate Kiss em Santa Maria no Rio Grande do Sul, ocorrido em janeiro de 2013, que continua até hoje igualmente sem punição aos culpados. O imóvel da tragédia foi alugado para uma empresa de bares e restaurantes e a boate começou a funcionar recebendo público. Uma série de exigências foram feitas para adequar o imóvel às suas novas atividades. A Prefeitura de Santa Maria constatou enormes fragilidades e indicou modificações de adequação do imóvel para sua utilização, como a necessidade de portas de emergência, mas a maior parte dessas exigências não foi cumprida (Arbex, 2018).

Além dos problemas estruturais e de segurança, os vizinhos da nova boate protocolaram na prefeitura uma reclamação por perturbação do sossego. Os fiscais vistoriaram a boate e, em face da ausência das licenças legais para funcionamento, lavraram um auto de infração dando um prazo para apresentação do alvará de localização sob pena de encerramento de suas atividades. O fato é que, apesar de ter sido multada e descumprido todas essas exigências administrativas, a boate Kiss sempre continuou aberta recebendo público, mesmo não apresentando estrutura de segurança para isso. As exigências formuladas pelo Corpo de Bombeiros indicaram a necessidade de correção dos extintores, melhor iluminação, necessidade de duas saídas de emergência e de mangueiras a gás, mas a boate não cumpriu as exigências e tampouco deixou de funcionar até a trágica noite de 27 de janeiro de 2013.

O processo criminal foi conduzido pelo titular da 1ª Vara Criminal de Santa Maria, o dr. Ulisseys Fonseca Louzada, que foi condensado em 60 volumes num total de mais de 20 mil páginas. Ao final do inquérito, em março de 2013, 18 pessoas haviam sido indiciadas, dessas, quatro por homicídio doloso: Kiko e Mauro Londero Hoffman, Luciano Augusto Bonilha e Marcelo de Jesus Miranda e as outras 14 por crimes diversos.

Em função do impacto na cidade de Santa Maria de um processo dessa natureza, decidiu-se transferi-lo para Porto Alegre, capital do estado, para que houvesse um julgamento mais imparcial e distante do local do incêndio e da pressão local. O julgamento foi presidido pelo juiz Orlando Facchini Neto. Em 2021, o júri popular, depois de 10 dias de sessões e nove anos após o incêndio, condenou apenas quatro réus indicados a penas que variaram de 18 a 22 anos e seis meses de prisão.

Em 2023, o Tribunal de Justiça do Rio Grande do Sul (TJRS) anulou a decisão desse júri. Meses depois, a 6ª Turma do STJ, por dois votos a um, votou também contra o relator entendendo terem havido as irregularidades processuais anteriormente indicadas e assim todas as condenações foram anuladas. A Procuradoria-Geral da República (PGR) recorreu ao STF.

Recentemente, o STJ aceitou um recurso extraordinário do Ministério Público Federal (MPF) contra essa decisão da 6ª Turma do STJ que, em setembro do ano passado, manteve a anulação da condenação de quatro réus pelo caso da Boate Kiss.

De acordo com o ministro Og Fernandes, vice-presidente do STJ, o posicionamento da 6ª Turma revelou uma possível divergência com a jurisprudência do STF. Ele acredita que, em função de a discussão possuir caráter constitucional, deve ser levada à análise da Corte. O recurso extraordinário apresentado pelo MPF entende que as questões consideradas ilegais pelo TJRS e pela 6ª Turma do STJ não foram apontadas no momento adequado pela defesa. Além disso, o MPF também alega que o pedido de reconhecimento das nulidades dependeria da demonstração de efetivo prejuízo aos réus, o que não teria ocorrido. Em função disso, o ministro Dias Toffoli do STF suspendeu um novo júri que havia sido marcado até que o assunto seja pacificado, uma vez que existe a possibilidade de o STF reestabelecer a sentença condenatória imposta no primeiro julgamento.

As questões apontadas como nulidades pelos condenados são relativas e não tinham, como não têm, o condão, nem a capacidade de anular os fatos apresentados pelas testemunhas, a força do depoimento dos pessoalmente envolvidos na tragédia como os bombeiros, os médicos e os sobreviventes daquela noite e a relevância das provas técnicas recolhidas. A simples possibilidade de que todo esse material probatório possa ser anulado e inutilizado gera surpresa e revolta. No caso de um novo júri popular, cabe perguntar: estarão vivas e dispostas até lá as mesmas testemunhas dos fatos? Quantos poderão testemunhar com a mesma precisão e legitimidade o que ocorreu? Despreza-se assim qualquer reverência às vítimas, não se resolve uma tragédia única da sociedade brasileira que impacta até hoje a vida dos familiares e inúmeros amigos por filigranas processuais e não factuais. O que os réus pleiteiam como nulidades deveria ter sido arguido na ocasião e não o foi, e agora apenas o apego ao rito processual não deveria suplantar a força das provas, nem tampouco impedir a efetividade das decisões do Tribunal do Júri num processo tão importante.

O júri popular é criticado pelo direito penal moderno pela forma emocional e muitas vezes sem fundamentação legal de suas decisões, pelo fato de ser julgado por pessoas leigas e pela influência que a mídia costuma exercer sobre elas. Entretanto, o júri está inscrito na nossa Constituição, sendo, portanto, cláusula pétrea que só uma revisão constitucional poderá revogar, além de que vários países desenvolvidos o adotam em crimes dolosos contra a vida, e por tudo isso é de difícil anulação quando há previsão legal como o nosso que assegura a soberania dos seus veredítos.

O incêndio da boate Kiss causou a morte de 242 pessoas, deixando feridas outras 636, sendo a maioria de jovens. Devemos exigir um sentido de urgência aos nossos tribunais para que o processo não predomine sobre a justiça e que a apuração da verdade e sua reparação possam se dar em tempo razoável para todas as pessoas que demandam por elas. Precisamos inverter o ditado popular: justiça que tarda; falha. Uma sociedade justa não é apenas aquela que gera crescimento e riqueza, assegura emprego e distribui renda, mas também a que consegue harmonizar seus conflitos em tempo razoável. Não se trata de punir culpados sem provas, mas sim não deixar que o processo prevaleça sobre a realização da justiça transformando em cinzas a dramática realidade dos fatos (Nascimento Silva, 2023).

Um pouco mais de *common law*[4]

Se a Grécia nos deu a filosofia, devemos o direito ao Império Romano. As cidades gregas atuavam com enorme autonomia entre elas, sendo impossível estabelecer leis comuns a Atenas e Esparta, por exemplo. O direito romano, ao contrário, surgiu para comandar um vasto Império desde Roma até as províncias dominadas, nascendo com um sentido e uma vocação nítida de universalidade. Assim surge o *Corpus Juris Civilis* organizado durante o reinado do imperador Justiniano, quando se compilam todas as leis em vigor organizando a legislação que ainda era esparsa e pulverizada, o que seria fundamental para o desenvolvimento do direito positivo e viria a influenciar todas as nações que se organizaram posteriormente sempre em torno de códigos.

Temos dois grandes sistemas jurídicos no mundo ocidental: o sistema de direito positivo e o da *common law*, ou lei comum. Os sistemas de direito positivo baseiam-se em codificação escrita que estabelece regras para a aplicação da lei e a condução dos processos nos quais a área de atuação dos juízes é frequentemente mais restrita. Há uma tradição de interpretação quase gramatical do texto legal, o que em muitos casos escraviza a dinâmica do processo e engessa a esfera de liberdade pessoal

[4] Penso que seja esse um dos temas centrais deste ensaio e das minhas preocupações pessoais neste momento. É evidente que ninguém pensa em sã consciência em alterar o nosso sistema jurídico. Somos fruto de um processo civilizatório e de pensamento que se formou em torno do sistema romano-germânico, como a maioria do mundo europeu, mas é cada vez mais evidente que precisamos dar velocidade e eficácia ao nosso sistema processual. Um dos melhores caminhos está sendo construído pelo STF ao julgar em controle concentrado de constitucionalidade os grandes temas que transitam nos nossos tribunais e que com os enunciados de suas súmulas vinculantes tem permitido uma dinâmica nova próxima da *common law*.

do magistrado. As decisões judiciais levam também muito tempo até serem uniformizadas, podendo, no decorrer desse período, serem bem diferentes entre si, como veremos mais adiante.

Nos sistemas da *commow law* as decisões obedecem a uma *stare decisis* por meio de uma sentença formada sobre determinado tema que é aplicada aos demais casos semelhantes até que essa decisão venha a ser alterada. Essa decisão judicial baseia-se não propriamente numa lei escrita, codificada, mas na maneira pela qual os juízes decidiram e examinaram aquela questão com aquela determinada situação fáctica e jurídica, e essa *stare decisis* passa a ser aplicada a todos os casos semelhantes que venham a ser judicializados e por isso o processo decisório é normalmente muito mais rápido.

Do ponto de vista filosófico, existe também uma grande diferença entre os dois sistemas. No sistema do direito positivo, o juiz parte da lei como uma norma abstrata para, num processo dedutivo, descobrir a regra aplicável para aquele caso concreto submetido à sua apreciação partindo-se do geral para o particular. No sistema da *common law*, o caminho e o método são o oposto, opera-se por um mecanismo indutivo partindo do particular para o geral até se chegar a uma decisão judicial na qual o tema foi debatido e julgado, e aplica-se essa decisão, salvo se a situação seja completamente diferente, quando poderá ser revista.

Max Weber, em seu clássico *Economia e sociedade*, formulou um resumo preciso dos sistemas de direito positivo resumindo postulados de racionalidade metódica aplicáveis a eles concluindo que:

> 1) toda decisão jurídica concreta representa a "aplicação" de um preceito abstrato a um "fato" concreto; 2) que seja possível encontrar, em relação com cada caso concreto, graças ao emprego da lógica jurídica, uma solução que se apoie nos preceitos abstratos em vigor; 3) o direito objetivo vigente é um "sistema sem lacunas" de preceitos jurídicos que contém tal sistema em estado latente; 4) tudo que não é possível e racional carece de relevância para o direito [Weber, 1944:26].

Os sistemas de direito positivo como o nosso são fruto não propriamente da experiência, mas antes da lei que por meio de um sistema dedutivo constrói regras jurídicas para conduzir e harmonizar a vida em sociedade. Assim, toda decisão judicial é antes um trabalho de construção e adequação de sentido do que propriamente de invenção de um direito novo, original. Aqui, como em todos os países que integram esse sistema, uma lei é resultado de outra que lhe é hierarquicamente superior e assim sucessivamente, como uma estrutura piramidal que no topo possui a Constituição — norma fundamental — de onde tudo deriva.

O jurista que melhor entendeu e dissecou esse processo foi o austríaco Hans Kelsen, que com sua teoria pura do direito conseguiu organizar como nenhum outro do século XX essa estrutura legal como um sistema científico, expurgando os elementos sociológicos e jusnaturalistas que muitas vezes predominavam e de onde derivavam enormes críticas e fragilidades a ele. Se Kant entendia que o sujeito produz e determina o objeto, Kelsen, fortemente influenciado por ele, sustentará que o conhecimento normativo produz e determina o direito e o Estado.

A Constituição surge, assim, como um corpo de normas jurídicas fundamentais à estruturação do Estado, dotada de força normativa capaz de conduzir o processo político, sendo o fundamento e a base de validade para toda a produção legal. Vejamos como ele mesmo organiza e esclarece o assunto:

> A norma que regula a produção é a norma superior, a norma produzida segundo as determinações daquela norma que é inferior. A ordem jurídica não é um sistema de ordem no mesmo plano, situadas umas ao lado das outras, mas uma construção escalonada de diferentes normas ou níveis de normas jurídicas.

Prossegue:

> A sua unidade é produto da conexão de dependência que resulta do fato de a validade de uma norma, que foi produzida de acordo com outra

> norma, se apoiar sobre essa outra norma cuja produção, por seu turno, é determinada por outra; e assim por diante, até conectar-se com na norma fundamental — pressuposta.

E conclui e finaliza: "a Constituição é aqui entendida num sentido material, quer dizer: com esta palavra significa-se a norma positiva ou as normas positivas através das quais é regulada a produção das normas gerais" (Kelsen, 1976:310).

Mesmo reconhecendo a contribuição fundamental de Kelsen, entendemos que a norma jurídica, ainda que na sua essência e estrutura seja abstrata, deriva sempre também de uma realidade social concreta que ela pretende regular e que influenciou o legislador que a concebeu.

De outro lado, analisando por sua vez o sistema da *common law*, vejamos como um dos mais famosos juízes norte-americanos, Benjamin Cardoso, o define e resume: "A *common law* não trabalha com um sistema preestabelecido de verdades universais e com inflexível validade de conclusões delas deduzidas. O método é indutivo, ele desenha a generalização pelo particular" (Cardoso, 1921:23).

Ou como Monroe Smith sintetizou: "As regras e princípios de cada caso nunca são tratadas como verdades finais, mas como hipóteses de trabalho, continuamente testadas nesses grandes laboratórios da lei que são as cortes de justiça" (Smith, 1909:21).

Por último — *last but not least* —, na famosa síntese de Oliver Wendell Holmes Jr., hoje clássica, ele diferenciou os dois sistemas, entendendo que na criação jurídica norte-americana "a vida do direito não tem sido a lei, tem sido a experiência" (Holmes Jr., 2009:2).

Cada um desses grandes sistemas é fruto de processos históricos bem distintos moldados pelas circunstâncias encontradas por seus habitantes e por suas realidades históricas. Não pense o leitor que estamos sugerindo haver uma supremacia de um sistema em relação ao outro, longe disso, até porque ela não existe. O que estamos sugerindo no título deste capítulo e ao longo deste ensaio como um todo é que um pouco mais de liberdade e velocidade na solução dos nossos litígios pode nos ser útil, necessário e, diria mais, urgente. Todas as ações judiciais expressam um conflito de interesses qualificado que encontra sempre uma pretensão resistida a qual o Poder Judiciário por função, vocação e destino tem que decidir e resolver.

De outro lado, parece bastante evidente que os sistemas da *common law* possuem um processo decisório mais rápido ao adotarem num prazo mais curto uma decisão, optando por uma atitude mais funcional, evitando uma função prolongadamente analítica. Assim, para um grupo de casos envolvendo os mesmos problemas e fundamentos, as partes podem esperar aplicação dessa mesma decisão. Seria grande injustiça decidir de forma diferente casos análogos como atualmente ocorre com frequência em nosso sistema judicial. Os homens precisam ser julgados por uma serena e imparcial uniformidade que é da essência da lei e da justiça, e se possível dentro de um prazo razoável. Quando isso ocorre, a sociedade tem um sentimento e uma sensação concreta de justiça social que nos falta hoje.

Nessa perspectiva, como aperfeiçoar nosso sistema de direito positivo? Incentivando que os nossos tribunais priorizem os incidentes de uniformização de tal forma que a maior parte dos temas discutidos possa ter a aplicação dessa jurisprudência consolidada e que ela possa ser adotada de imediato para qualquer processo que tenha as mesmas características, fatos e causas de pedir semelhantes à dessa decisão. Temos que fortalecer o núcleo central das decisões em detrimento dos seus detalhes instrumentais. Os temas e situações fáticas se repetem da mesma maneira que o ser humano repete as suas condutas e patologias, e assim as decisões aplicáveis a elas também podem se repetir.

O direito processual, a despeito de sua inegável autonomia e grandeza teórica, não pode na prática transformar-se num fim em si mesmo, como o nosso frequentemente tem sido. Uma vez que o próprio Judiciário nesse momento histórico não consegue unir-se para reduzir a quantidade de recursos desnessários, para além do duplo grau de jurisdição, acaba ele próprio muitas vezes sem perceber construindo estratagemas e artifícios intelectuais para filtrar essa enxurrada de ações que diariamente chegam aos tribunais. Assim, dois processos iguais, diria até simétricos, podem ter decisões diversas, sendo um aceito para subir para o Tribunal Superior como recurso e o outro negado, que subirá também mais na forma de um agravo.

Por exemplo, sobre a execução provisória contra a Fazenda Pública, o STJ teve dois entendimentos distintos e antagônicos sobre a matéria e deixando o contribuinte perdido e confuso entre eles:

> Mesmo após a EC 30/2000, é possível a execução provisória contra a Fazenda Pública até a fase dos embargos, não se exigindo o trânsito em julgado para a expedição de precatório nas execuções iniciadas antes da alteração constitucional. Órgãos Julgadores: 1ª T [última decisão: 6/12/2005 — 1ª T — Resp. 702264/SP].
> Após a EC 30/2000, não é possível a execução provisória contra a Fazenda Pública, exigindo-se o trânsito em julgado para a expedição de precatório mesmo nas execuções iniciadas antes da alteração constitucional. Órgãos Julgadores: 2ª T [última decisão: 18/5/2006 — 2ª T — Resp. 791896/PA].

Vejamos agora decisões do STF sobre o ICMS nas operações de *leasing* prolatadas num intervalo relativamente curto de tempo entre elas:

> A CF/1988 determinou a incidência do ICMS especificamente sobre a entrada de bem ou mercadoria importados do exterior, independentemente do negócio jurídico ensejador da importação, conquanto a circulação econômica do bem remanesça como hipótese de incidência genérica do mencionado tributo.
> PLENO — RE 206069-SP — DECISÃO: 01/09/2005 DJ: 01/09/2006 (maioria) — min. Ellen Gracie.

> Incide ICMS sobre a entrada de bem ou mercadoria importados mediante *leasing*, desde que haja circulação econômica do bem. O arrendamento mercantil contratado pela indústria aeronáutica para viabilizar o uso das

aeronaves por companhias de navegação aérea, não acarreta circulação econômica a ensejar a incidência do ICMS.
PLENO — RE 461968-SP — DECISÃO: 30/05/2007 (unânime) — min. Eros Grau.

Tempos depois, por maioria de votos, a Corte Especial do Tribunal de Justiça (STJ) decidiria que, em havendo duas decisões judiciais sobre o mesmo tema com entendimentos divergentes, mesmo sendo as mesmas partes e os mesmos objetivos, deve prevalecer aquela que se formou por último, enquanto não desconstituída por ação rescisória.

A economia e o direito deveriam caminhar talvez com menor desarmonia para fazer o país crescer e desenvolver todas as suas potencialidades que são gigantescas e isso inclui também nosso sistema judicial, mas o que ocorre entre nós no Brasil é que cada tribunal na prática decide isoladamente, gerando permanente insegurança nas relações empresariais e financeiras. Essa imprevisibilidade das decisões impede, por exemplo, que tenhamos boas linhas de crédito de longo prazo no país e pressionam as taxas de juros, tornando-as mais elevadas. Os juízes não deveriam, nem poderiam julgar de forma pessoal, uma matéria consolidada pelos tribunais superiores sabendo que essa decisão será forçosamente reformada, o que exigirá uma refutação que não deveria ser exigida, e que essa atitude prolongará a tutela jurisdicional, representando também um aumento de custos para a máquina judicial perpetuando a insegurança jurídica.

O Judiciário tem múltiplas tarefas, entre elas uma muito importante, criar um ambiente institucional que atraia investimentos produtivos de longo prazo, tranquilize o empresariado e não tensione a economia, além de suas próprias oscilações diárias que lhe são características. A demora excessiva nas decisões gera insegurança. Entendimentos contraditórios entre si produzem perplexidade e dúvida. A adoção de uma convicção pessoal ao invés da adoção da jurisprudência consolidada cria um prejuízo sistêmico.

A falta de segurança jurídica aumenta tanto o risco como os custos das transações econômicas. Pérsio Arida sustenta que "a predominância de formas de produção estruturadas através do mercado requer um sistema legal com efeitos calculáveis racionalmente pelas partes; a sobredeterminação dos contratos por considerações que não podem ser racionalmente calculadas por elas afeta negativamente a produção e o emprego" (Arida, 2005:157). Quanto menor a judicialização, mais a economia floresce, gerando emprego e renda e, em sentido oposto, quanto maior a judicialização, o resultado dessa insegurança jurídica é a redução dessa mesma atividade econômica. É curioso observar que o Brasil, de um lado, tem ocupado ótima posição entre as maiores economias mundiais, mas, de outro, tem péssima colocação no ambiente de negócios com baixa atratividade para empreendedorismo e investimento, o que reduz gigantescamente a vinda de recursos estrangeiros ao país.[5]

Uma reação importante da sociedade contra a morosidade do nosso sistema judicial tem se dado pela crescente adoção da arbitragem como meio alternativo ao Judiciário para solução dos conflitos empresariais. A sentença arbitral tem o mesmo efeito de uma sentença judicial, sendo obrigatória para as partes envolvidas, e surge como uma alternativa mais rápida à conhecida morosidade do sistema judicial estatal. Para recorrer à arbitragem, as partes devem estabelecer uma cláusula arbitral em contrato ou em acordo posterior à controvérsia, mediante a previsão de um compromisso arbitral. Em ambos os casos, é acionado o juízo arbitral para solucionar a controvérsia já configurada ou futura. Assim, a arbitragem é também um meio de resolução de conflitos, no qual as partes definem que uma pessoa ou uma entidade privada irá solucionar a controvérsia apresentada pelas partes, sem a participação do Poder Judiciário.

Atualmente, inúmeras arbitragens tramitam nas principais Câmaras Arbitrais do país envolvendo questões societárias, de energia, construção civil e trabalhista. Todo esse sistema é regulado pela Lei nº 9.307/1996

---

[5] Em 2020 o Brasil ocupava a 124ª posição no *overall* do *ranking* anual. Disponível em: https://archive.doingbusiness.org/en/data/exploreeconomies/brazil.

que no início de sua vigência sofreu enorme rejeição e resistência exatamente do Judiciário porque foi entendida por ele como uma supressão de seu espaço de poder. Recentemente, a própria administração pública passou a recorrer a ela quando pela Lei nº 13.1297/2015 foi permitida sua utilização em conflitos das parcerias público-privadas, nas concessões ou contratos que envolvam controvérsias complexas e de valor extremamente elevado, e atualmente o próprio Poder Judiciário tem prestigiado o instituto compreendendo sua importância e relevância, reconhecendo que ele tem sido útil e necessário para a descompressão da justiça.

O setor imobiliário, por exemplo, crescentemente adota a arbitragem. A construção civil gera inúmeros conflitos pelas frequentes alterações das condições financeiras em decorrência da escassez de mão de obra e do brusco aumento do preço dos insumos desequilibrando os custos do imóvel, gerando insegurança tanto para o construtor como para o comprador. A arbitragem surge, assim, como um meio de solução mais rápido para esses conflitos, pela possibilidade de julgamento por árbitros especializados escolhidos pelas partes, o que traz segurança jurídica a elas, como pelo conforto que o sigilo assegura aos litigantes na própria legislação, e assim tem sido adotada por outros setores econômicos além do imobiliário, como alternativa ao Poder Judiciário.

"O fórum é um imenso hospital", advertiu sabiamente Miguel Reale. Com efeito, se o proprietário se entende com seu inquilino sobre algum problema na locação de um imóvel de sua propriedade, não haverá um conflito a ser judicializado. Se num negócio jurídico a empresa construtora dona do terreno que prometeu entregar unidades prontas para os donos do imóvel cumpre o prometido, esse caso não irá para a justiça. Se marido e mulher, após o término de um longo casamento, conseguem se harmonizar de maneira a conduzirem suas vidas após a separação, não precisarão recorrer à justiça, evitando o desgaste dessa situação, mantendo assim uma relação civilizada que será benéfica para eles e para seus filhos (Reale, 1974).

Entretanto, infelizmente as coisas não funcionam normalmente com esse grau de equilíbrio e harmonia e a tendência de judicializar os aspectos mais simples da existência são frequentes na natureza humana e em especial no Brasil. A justiça gratuita que se fazia necessária para as camadas mais simples da população acabou sendo um incentivo adicional a essa vocação conflitiva. No Brasil vai-se à justiça com razão; vai-se à justiça sem razão. Temos atualmente, de acordo com os dados do CNJ, em 2022, cerca de 77.337.725 milhões de processos pendentes de julgamento no país, o que é gigantesco levando-se em conta que o Judiciário vem julgando de forma expressiva, mas a excessiva litigiosidade impede que o estoque reduza muito.

A litigiosidade em massa torna necessário que se criem mecanismos ágeis para as demandas repetitivas. O Tribunal de Justiça de São Paulo, em levantamento recente, estima que a chamada litigância predatória caracterizada pelo ajuizamento de ações em massa teria causado ao estado, entre 2016 e 2021, um prejuízo de R$ 16,7 bilhões com uma média de 337 mil processos por ano. Essa litigância predatória passou também a ser conhecida por demandismo ou assédio processual. São petições iniciais massificadas distribuídas com claros elementos de abuso e fraude como a utilização do mesmo comprovante de residência, procurações genéricas e a distribuição de ações idênticas em várias Varas. Cabe ao próprio Judiciário punir essas condutas que irão se amplificar ainda mais com o uso dos algoritmos e da inteligência artificial dirigidos a esse objetivo.

Não há dúvida de que os dois sistemas jurídicos buscam apurar a verdade e fazer justiça. E por que então insisto tanto em incorporar aspectos da *common law* ao nosso? Porque esse sistema de direito se desenvolveu para resolver conflitos de forma rápida. A Inglaterra foi invadida por diversos povos e tinha pressa em resolver suas disputas para manter o país coeso. Sendo uma ilha, estava isolada do conjunto dos demais países europeus e acabou por isso mesmo desenvolvendo um sistema próprio, diferente daquele que se formou a partir do direito romano-germânico no restante da Europa.

Até William da Normandia, em 1.066, a lei era administrada por uma série de cortes locais e nenhuma legislação era comum a todo o reino. Os reis normandos passaram então a enviar juízes que viajavam pelo país tentando resolver os conflitos, e gradualmente uma lei que era comum entre os diversos condados se desenvolveu nas cortes londrinas. Nelas, os juízes decidiam sobre questões criminais e disputas entre indivíduos. Ainda que os antigos costumes locais se fizessem presentes, uma aplicação uniforme da lei por todo o país foi formando um direito comum, por assim dizer, uma *common law*. Aos poucos esse direito comum foi sendo aplicado em toda a Inglaterra em substituição aos costumes locais que valiam apenas para cada tribo e condado. Em etapa posterior, a atuação dos Tribunais Reais em Westminster, em Londres, possibilitou uma concentração de poder para a monarquia, de um lado, e, de outro, uma maior difusão dos conceitos básicos e essenciais do direito para a população.

Os juízes passaram a privilegiar essa *common law* para todos os casos novos em vez de pedir ao governo que escrevesse e editasse novas leis. Se os elementos essenciais eram os mesmos dos casos anteriores, o juiz ficava limitado e obrigado a aplicar essa lei comum a esses novos processos. Se não houvesse nenhum precedente sobre aquela matéria, nesse caso o juiz decidiria de acordo com os princípios legais e de acordo com sua convicção pessoal, e essa nova decisão serviria de precedente para as outras cortes que, por sua vez, seriam obrigadas a adotá-la quando um caso semelhante surgisse até que essa *stare decisis* fosse modificada.

Os Estados Unidos, por seu turno, depois de quase 200 anos de tutelagem inglesa, fizeram uma revolução e precisaram construir um modelo distinto para esse novo país, além de ocupá-lo territorialmente. Tendo sido colonizados pela Inglaterra, nada mais natural que adotassem um sistema jurídico com características do colonizador. Isso ocorreu também no Brasil em relação a Portugal, só que por motivos e com consequências diferentes. O sistema da *common law* inglesa foi adotado pelas colônias norte-americanas para resolver seus conflitos numa fase inicial que se deu com os ingleses ainda no país. Depois, com a Revolução de 1776, essa *common law* adquiriu vida própria nos Estados Unidos. O país tinha igual necessidade de resolver seus problemas de maneira rápida e ocupar seu território caminhando para o Oeste. Durante o período colonial, o sistema inglês dualista de *law jurisdiction* e *equity jurisdiction* ainda foi adotado, mas pouco depois os estados concentraram a competência num mesmo tribunal. Após a Independência, esse mecanismo dual foi perdendo força no novo país, e depois da implantação do tribunal federal em 1789 ele desapareceu na maioria esmagadora dos estados.

É interessante perceber que atualmente as diferenças entre os dois sistemas jurídicos não são mais tão rígidas e demarcadas como foram durante tantos anos, ocorrendo hoje uma aproximação entre os sistemas da *civil law* e da *common law*, fato que é reconhecido por inúmeros estudiosos. Os países de *commow law* começaram a editar leis para aprimorar seus sistemas e os de *civil law* decidiram valorizar a jurisprudência. O Brasil vem fortalecendo seu sistema jurídico pela utilização dos precedentes construídos nos tribunais, sendo as Súmulas Vinculantes do STF e as Resoluções do STJ os exemplos eloquentes disso.

Esse processo de aproximação com a *common law* se materializou objetiva e definitivamente com o nosso Novo Código de Processo Civil (Lei nº 13.105/2015) que em seu artigo 927 estabeleceu:

> Art. 927. Os juízes e os tribunais observarão:
> I — as decisões do Supremo Tribunal Federal em controle concentrado de constitucionalidade;
> II — os enunciados de súmulas vinculante;
> III — os acórdãos em incidente de assunção de competência ou de resolução de demandas repetitivas e em julgamento de recursos extraordinário e especial repetitivos.

Esse fenômeno relativamente recente de incorporar a *common law* por meio dos precedentes certamente é o melhor caminho para trazer segurança e velocidade ao nosso sistema judicial e resgatar parte da racionalidade perdida. De certa forma, temos hoje no país uma nova mistura do nosso *civil law* com elementos da *common law*, ainda que existam diversos setores que recusam e criticam esse fato entendendo que isso seja incompatível com nossa tradição; entretanto o que é visto como erro por eles é entendido por nós como um avanço.

Ivan Nunes Ferreira examinou as grandes diferenças entre um e outro sistema jurídico e harmonizou o confronto entre eles da seguinte forma:

> Como se vê, o precedente no direito brasileiro é completamente diferente do precedente da common law, este último baseado numa série de decisões repetidas em casos semelhantes, ao longo do tempo (stare decisis).
> Na verdade, o direito brasileiro, com origem na civil law, não se converteu de forma alguma no direito aplicado nos países de common law, embora tenha sofrido nesse estatuto recente forte inspiração do sistema de common law numa tentativa de tornar mais uniforme, estável e coerente a jurisprudência dos nossos tribunais [Ferreira, 2023:57].

A influência da *common law* já estava presente na Constituição da República de 1891 quando adotamos o controle incidental de constitucionalidade ou *judicial review*, que acabou incorporado ao texto constitucional. Não podemos esquecer, nem negligenciar, que vários juristas que ajudaram na construção dessa nova Carta tinham enorme simpatia pela Constituição americana e conheciam e admiravam a famosa decisão da Suprema Corte no caso Marbury *vs.* Madison (US, 1803). Entretanto, como afirmamos anteriormente, será apenas a partir de 2015, com o novo Código de Processo Civil, que concretamente os precedentes vinculantes do STF, dos Tribunais Superiores e Tribunais de Apelação se tornariam obrigatórios no Brasil, ou seja, apesar de sermos um país de tradição do *civil law*, passamos a utilizar a jurisprudência de forma sistemática e crescente.

É importante perceber que nossa justiça não incentiva acordos, nem obriga a existência de pedidos plausíveis para admissão de novos processos como o sistema norte-americano o faz. E como temos custos financeiros baixos para demandar judicialmente, acabamos permitindo até demandas frívolas, sem sentido. Nos Estados Unidos, se as partes não demonstrarem fatos consistentes em seus pedidos ou provas da existência de um mérito plausível, a causa não é sequer admitida, nem vai a julgamento. Uma vez, aguardando o horário de uma audiência, presenciei num Juizado de Pequenas Causas uma demanda entre dois donos de cachorros que litigavam com fúria canina, conscientes que os custos daquele insensato capricho jurídico estava sendo suportado pelo Estado e não por eles.

Temos no Brasil um acesso amplo e gratuito à justiça e grandes subsídios públicos à litigância judicial que serão examinados mais adiante em capítulo próprio. A prestação jurisdicional em todo mundo é realizada num sistema de recursos financeiros finitos, e como a Justiça é um bem coletivo, precisamos fazer as melhores escolhas e por isso não podemos continuar a permitir o grau de judicialização que possuímos. Deveríamos entender que o Judiciário é sempre o resultado do que ele julga e do que ele decide não julgar por sua irrelevância. Recusar determinadas demandas sem fundamento sólido é uma maneira de manter a capacidade de investimento estatal para os processos que realmente merecem tutela e sejam de interesse da sociedade.

A uniformização jurisprudencial trará velocidade a nossa justiça e os julgados consolidados funcionarão como um dado que agilizará a solução de processos semelhantes. As súmulas sintetizam a visão das nossas cortes superiores construídas com esforço intelectual por seus ministros e que por isso mesmo devem ser adotadas imediatamente aos novos casos distribuídos. O que vem ocorrendo é que os tribunais de segundo grau não obedecem ao que os tribunais superiores já decidiram e julgam muitas vezes depois de forma artesanal, baseados apenas no convencimento pessoal dos seus magistrados, sem respeitar todo esse esforço concentrado que vem sendo realizado.

Diversos ministros do STJ já se manifestaram em repúdio ao descumprimento por parte dos tribunais de segunda instância dessa jurisprudência consolidada. Entre essas vozes, a ministra Laurita Vaz afirmou: "É muito importante que continuemos a combater esse descumprimento da nossa jurisprudência para que possamos ter condições de julgar com mais rapidez temas de natureza mais complexa, muitas vezes paralisados diante da repetição desses casos que não precisariam chegar ao STJ e muito menos ao STF".[6]

Por exemplo, recentemente, a 6ª Turma do STJ solicitou que houvesse uma atuação mais harmônica das instâncias ordinárias em questões já pacificadas no STJ e no STF. Citou como exemplo a uníssona orientação dos tribunais superiores em relação à punição de pessoas presas com pequena quantidade de drogas que hoje é objeto de uma política de intervenção mínima, impondo-se a pena privativa de liberdade apenas nos casos que mereçam esse rigor punitivo. Temos todos consciência de como as prisões são também escolas do crime, e evitar o encarceramento dos portadores de pequenas quantidades de entorpecentes é uma decisão inteligente, porque impede ou adia o encontro desse réu primário com os sindicatos do crime que comandam as prisões, e assim parece ser uma aposta que vale a pena. A despeito disso, o Tribunal de Justiça de São Paulo (TJSP) tem aplicado a pena de regime fechado para esses indiciados. Isso faz com que a Defensoria Pública seja obrigada a propor depois inúmeros *habeas corpus* para fixar o regime aberto dessas penas e a substituição delas por medidas restritivas, soltando o acusado.

É preciso que se reduzam essas decisões de mero voluntarismo típico de um direito artesanal que não mais se justifica. O Judiciário poderia realizar seminários e debates em torno do assunto, demonstrando como os precedentes fazem parte de uma estrutura científica de aplicação do direito e que decisões baseadas apenas em convicção pessoal ou sem maior exame técnico da matéria do processo têm causado um custo desnecessário para a sociedade e um desgaste adicional do Poder Judiciário junto à sociedade.

---

[6] Manifestação da ministra Laurita Vaz do STJ em 4/03/2020 no julgamento do HC 5000080-SP. Sobre esse fenômeno da influência recíproca nos dois grandes sistemas de justiça, já existe ampla e sólida bibliografia tanto no Brasil como no exterior que indicamos a seguir. Acho curiosa a resistência que ainda temos entre nós a esse fenômeno, uma vez que nos países da *common law* ele já é aceito com naturalidade. David (2012); Posner (1993); Tushnet (2013).

O acesso à justiça

A Constituição Federal de 1988 previu entre seus direitos fundamentais que "o Estado prestará assistência jurídica integral e gratuita aos que comprovarem insuficiência de recursos". Por sua vez, o Código de Processo Civil dimensionou com enorme amplitude essa gratuidade judiciária, abrangendo as custas, despesas processuais em geral e honorários advocatícios de sucumbência estabelecendo uma presunção relativa de hipossuficiência para as pessoas físicas. Vale lembrar ainda que, no primeiro grau de jurisdição dos juizados especiais, os litigantes são isentos do pagamento de custas, taxas ou despesas, inclusive de honorários advocatícios, independentemente de sua condição econômica.

Embora muita gente confunda as duas expressões no uso corrente, os tribunais possuem uma clara distinção entre assistência judiciária, que se realiza pela orientação e defesa em juízo das pessoas pobres, e a gratuidade de Justiça, que é a dispensa de despesas judiciais. Nos termos da Constituição de 1988, em seus artigos 134 e 135, cabe à Defensoria Pública "a orientação jurídica, a promoção dos direitos humanos e a defesa, em todos os graus, judicial e extrajudicial, dos direitos individuais e coletivos de forma integral e gratuita aos necessitados". Já a gratuidade de Justiça tem origem no novo Código de Processo Civil (CPC/2015) que, em seu artigo 98, previu como benefício o direito de a pessoa natural ou jurídica, brasileira ou estrangeira, com insuficiência de recursos para pagar as custas, despesas processuais e honorários de advogados e peritos, poder requerer e ter deferida a gratuidade. Vamos esclarecer o que é uma coisa e o que é outra para deixar os conceitos claros e distintos.

É evidente que não se poderia permitir que as pessoas não pudessem ir à justiça por falta de recursos financeiros e assim nada mais natural que lhes fosse assegurado fazê-lo sem pagamentos de qualquer natureza, mas isso não quer dizer que a justiça seja gratuita; muito pelo contrário, ela custa e bastante. Toda uma máquina administrativa trabalha para assegurar que os menos favorecidos não sejam impedidos e impossibilitados de lutar contra as injustiças que sofrem com frequência e inscreve-se entre os direitos humanos assegurados à cidadania, mas isto tem um custo.

A assistência judiciária exercida pela Defensoria Pública é necessária e ela isoladamente não penaliza economicamente tanto a sociedade. Ela teria que ser suportada por alguém ou por algum grupo econômico ou social uma vez que os demandantes não possuem meios de pagar advogados para defendê-los e não poderiam ser condenados apenas por serem pobres. O pobre tem igual direito de defesa do rico. A Defensoria Pública cumpre esse papel relevante e sua manutenção justifica-se como uma conquista das sociedades modernas. As distorções maiores a nosso ver são encontradas mais na gratuidade de justiça de que muitos têm se valido em ações que poderiam ser suportadas por eles próprios demandantes do que em decorrência da assistência judiciária, como se demostrará.

É preciso que se tenha em mente que apenas 29% das despesas do Judiciário no ano de 2022, por exemplo, foram arrecadadas com custas, emolumentos e taxas que representam assim muito pouco no custeio do Poder Judiciário que é mantido pelos contribuintes de forma geral que sustentam os outros 71%. As custas processuais deveriam ser um fator de redução da alta litigância da sociedade brasileira, mas a enorme amplitude da gratuidade judiciária impede que isso ocorra, e como os riscos das demandas são eliminados com frequência, a parte autora acrescenta frequentemente ao processo um pedido adicional de danos morais que também deverá ser examinado, já que não há nada a perder.

É justo e imperioso que todos aqueles que tenham capacidade econômica paguem para ter acesso à justiça, uma vez que grande parte das ações judiciais propostas no Brasil tramita hoje sob a dinâmica da gratuidade. Na Justiça Federal, a maioria dos casos novos tem como porta de entrada os juizados especiais, ou seja, em quase três quartos das demandas, nada é cobrado das partes no primeiro grau, mesmo para aqueles que possuem condições financeiras para pagar. A simples e mera autodeclaração de pobreza feita pelos próprios demandantes tem bastado para terem deferido o benefício de gratuidade judiciária, salvo apenas no caso de uma eventual impugnação pela parte adversária ou de questionamento pelo próprio juiz para que ela seja questionada, o que poucas vezes ocorre. Os próprios magistrados reclamam e denunciam essa distorção injustificável, mas até o presente momento não têm sido ouvidos e eles mesmos não têm sido pessoalmente exigentes nessa cobrança.

A apreciação dos pedidos de justiça gratuita deveria ser mais rigorosa, não apenas por propósitos financeiros, mas para ajudar também a reduzir a alta litigância da sociedade brasileira, na qual o Poder Público, por meio da Caixa Econômica Federal (CEF) e do Instituto Nacional do Seguro Social (INSS), é o maior litigante. Do ponto de vista da razoabilidade do valor das custas, o próprio Judiciário já se ocupou do assunto por meio do STF que, na sua Súmula 667, firmou o entendimento de que "viola a garantia constitucional de acesso à jurisdição a taxa judiciária calculada sem limite sobre o valor da causa". Assim, já há um critério protetor de eventuais abusos que pode ser invocado caso eles ocorram.

Empresas em liquidação judicial pleiteiam e recebem o pálio da justiça gratuita conseguindo ficar livres do pagamento das custas judiciais e encargos, sendo assim liberadas também para acionar judicialmente empresas com que tiveram relações comerciais com a garantia de não serem condenadas à sucumbência nas suas demandas. Recentemente, num episódio insólito, assistimos ao outrora homem mais rico do Brasil e um dos mais ricos do mundo, Eike Batista, solicitar gratuidade numa de suas ações judiciais.[7]

---

[7] Processo perante a 1ª Vara Empresarial da Comarca de Belo Horizonte, processo de falência da MMX Sudeste Mineração S.A., matéria da jornalista Malu Gaspar em 5.10.2022.

Nas Varas Federais, de acordo com testemunho de diversos magistrados, são frequentes em processos tributários os autores atribuírem valor baixo ou ínfimo às suas causas com as quais pretendem receber valores vultosos, e depois, quando questionados, defendem-se alegando incapacidade de mensurar o valor efetivo dessas demandas. Ora, ao proporem a demanda, são obrigados a estimar o que desejam receber ao final dela se forem vitoriosos, e assim esse deve ser também o valor da causa e sobre ele recolhidas as custas. Usam como subterfúgio indicar que o baixo valor indicado é ofertado "apenas para fins meramente fiscais", o que tem sido permitido.

Durante décadas convivemos com uma distorção de graves consequências econômicas na justiça trabalhista. A ausência de sucumbência permitiu que uma verdadeira indústria do litígio se formasse, na qual os advogados captavam clientes cobrando honorários de 30% a 50% dos empregados, fazendo uma aposta sem riscos normalmente bem-sucedida com a anuência silenciosa do Judiciário. Pessoalmente testemunhei esse expediente em diversas ocasiões ouvindo advogados apregoarem no Fórum à viva voz a excelência dos seus serviços.

A reforma trabalhista realizada pela Lei nº 13.467/2017 trouxe a obrigatoriedade de pagamento de honorários de sucumbência e periciais para as partes sucumbentes no processo. Assim, ficou imputada à parte vencida a responsabilidade pelo pagamento de honorários periciais e sucumbenciais, bem como a perícia, e tanto o empregador como o empregado passaram a ser responsáveis pelo pagamento dessa sucumbência em caso de derrota no processo judicial, o que não ocorria, pois apenas o empregador era responsável. Essa mecânica beneficiava claramente o demandismo judicial de um lado, mas prejudicava a geração do emprego de outro. Com a entrada em vigor da nova lei, as pessoas que vierem a perder as ações propostas terão que pagar custas e honorários de advogados, o que não existia antes. O ajuizamento de ações trabalhistas no primeiro grau da Justiça do Trabalho diminuiu enormemente nos últimos anos.

A reforma deu mais liberdade para negociações entre trabalhadores e empregadores, definiu condições para o trabalho intermitente, simplificou o terceirizado, acabou com o imposto sindical, reduziu o volume injustificável de processos contra os empregadores e assim parece-me equivocado sustentar que ela tenha trazido perdas irreparáveis para a classe trabalhadora uma vez que ela foi responsável pelo reaquecimento do mercado de trabalho formal ocorrido depois dela. De acordo com estudo realizado por pesquisadores da Universidade de São Paulo (USP) em parceria com o Instituto de Ensino e Pesquisa (Insper), uma regra específica da reforma trabalhista resultou na geração de 1,7 milhão de novas vagas de emprego desde 2017, após a sanção da reforma até hoje. Essa regra é a que prevê que o empregado que perder uma ação na justiça contra o empregador também será responsável pelos custos judiciais do processo, o que existia apenas para o empregador. O estudo foi feito com base nos processos do Tribunal Regional do Trabalho e em dados do Ministério do Trabalho. A pesquisa também apontou que as pequenas e médias empresas foram as que mais abriram novos postos de trabalho nesse período.

Não existe justiça gratuita entre nós, nem no mundo inteiro, isso é um mito; ela custa em todos os países e no Brasil custa bastante. Mais de R$ 116 bilhões por ano foram gastos com o Poder Judiciário, assim entendido como o Judiciário e Ministério Público, em 2022, de acordo com relatório do Tesouro Nacional, equivalente a 1,6% do nosso Produto Interno Bruto (PIB). O peso do Judiciário brasileiro sobre o PIB é significativamente maior quando comparado a outros países da América do Sul e Central. Na Europa, os gastos do Reino Unido foram de 0,54%, na Alemanha correspondem a 0,49%, em Portugal a 0,47% e na França a 0,40%.

De acordo com o CNJ, atualmente, cerca de 94,8% dos magistrados no Brasil recebem acima do teto remuneratório máximo que vem a ser a remuneração dos integrantes da nossa Suprema Corte, instância máxima da justiça brasileira. Além disso, vários benefícios e auxílios, alguns deles retroativos, permitiram à magistratura receber de 2018 a 2022 cerca de

R$ 26,7 bilhões, além dos salários que foram pagos aos membros dos tribunais de acordo com esse mesmo levantamento do CNJ.

Os recursos econômicos são sempre limitados e quando são usados na produção de um determinado bem isto significa que se produzirá menos de outro bem que utilizaria esses mesmos recursos. No ponto que nos interessa aqui, a questão é que para alguma coisa ser gratuita seu custo terá que ser suportado por alguém, indivíduo ou sociedade, sabendo-se que a oportunidade de se investir num setor equivale sempre à de não investir em outro também necessitado. Assim, quanto maior for o número de demandas, mais escassos se tornam os recursos sempre finitos colocados à disposição da sociedade para resolver seus inúmeros problemas, ou seja, uma relação básica entre escassez e escolha.

Tudo isso pode parecer sem maior importância ou relevância, mas apenas pelo controle fino das despesas é que se poderá manter o acesso à justiça como ela foi idealizada e construída para que os mais necessitados não possam depois ser privados desse importante avanço e não sejam prejudicados pelas estratégias dos mais fortes que frequentemente desequilibram as conquistas de proteção social com sua utilização indevida em causa própria.

A Defensoria Pública não é o problema, como vimos, mas sim os elevados custos da justiça gratuita. A redução na concessão da gratuitidade, uma revisão ampla da isenção do pagamento das custas judiciais nas demandas de direito empresarial, a sua fixação por valores compatíveis com o valor das ações propostas permitirão uma redução expressiva da nossa litigância excessiva e também um maior equilíbrio financeiro do sistema como um todo sem as distorções atualmente existentes.

Infelizmente, nosso sistema de justiça não tem mecanismos de conciliação, acordo ou formas de autocomposição que poderiam resolver parte expressiva destas demandas e seriam mais econômicas e dinâmicas para a sociedade do que o Judiciário, que é o mais lento e o mais caro. Inúmeros países em todo o mundo possuem cortes de conciliação que são formas legítimas de desviar os conflitos dos tribunais e precisamos construí-las imediatamente entre nós (Capelletti e Garth, 1988).

A redução de recursos

O processo é um meio para a realização da justiça com regras escritas conhecidas por todos que tem como objetivo assegurar o exercício do direito material para as partes envolvidas. Enquanto o direito material estabelece direitos e obrigações, o direito processual permite que essas regras sejam aplicadas na proteção dos direitos dos cidadãos. Ambos são fundamentais para o funcionamento do sistema de justiça de qualquer sociedade. Enquanto o direito substantivo ou material é a fonte de onde ele advém, o direito adjetivo é o instrumento por meio do qual ele é exercido e se realiza. As leis processuais regulam o exercício da função jurisdicional com o objetivo de aplicar a legislação vigente a um caso concreto para resolver o conflito de interesses que opõe as partes. Se as leis materiais criam obrigações e direitos, definem situações e tutelam interesses; as leis processuais regulam a atuação dessas leis em situações reais que a vida e a sociedade produzem.

Carnelutti preferiu a palavra lide em substituição à palavra processo entendendo que ela "é sempre um conflito de interesses qualificado por uma pretensão resistida". Toda vez que ocorre um confronto entre dois titulares de interesses antagônicos, cada um deles pretendendo subordinar o interesse do outro ao seu próprio, há um conflito. Assim, a jurisdição se realizará por meio de uma provocação de quem tem a pretensão de exercer seu direito subjetivo em face de outra pessoa que por sua vez recusa esse exercício e questiona esta pretensão.

O processo é entretanto sempre uma relação jurídica não entre duas pessoas, mas entre três: autor, juiz e réu. Fica claro seu caráter instrumental, mas isso não reduz em nada sua importância, porque mesmo sendo antes de tudo um meio, é por intermédio dele que o cidadão exerce seu direito de ação e busca por fim a tutela da jurisdição estatal. A lei material regula o conflito e a lei processual possibilita, por meio de um procedimento com regras preestabelecidas, a composição da lide, ou seja, a resolução do conflito pela aplicação de um comando descrito na legislação. Esse comando legal é de conhecimento das partes já que não se permite a ninguém desconhecer a lei. Esse princípio consolidou-se ainda no Império Romano e vem sendo mantido e aplicado ao longo de toda a evolução da humanidade, o que comprova a minha afirmação na abertura do livro de que o direito é uma ciência humana atemporal. A jurisdição, por sua vez, é uma atividade sempre privativa do Estado, exercida pelo Poder Judiciário, não importando qual a natureza do conflito, seja ele cível ou penal. É exatamente esse mecanismo — o processo — que entre nós precisa ser mais célere, ágil e capaz de entregar a tutela jurisdicional em tempo razoável pela aplicação do direito no confronto de interesses que toda sociedade produz.

Se examinamos a multiplicidade e a quantidade de recursos contra decisões interlocutórias, ou seja, aquelas tomadas ao longo dos processos que não são sentenças de mérito, mas apenas decisões transitórias dos juízes ao longo desses processos, veremos como elas frequentemente são grandes responsáveis pela morosidade do nosso sistema judicial.

Por exemplo, o agravo de instrumento previsto no artigo 1.015 do Código de Processo Civil (CPC). É um recurso pelo qual se recorre de uma decisão interlocutória que se pretende reformar, e assim reúne-se um instrumento contendo os motivos para essa irresignação com cópias de todas as peças necessárias para o tribunal julgar esse agravo. Ele sobe atualmente para o Tribunal por meio dos modernos meios de transmissão eletrônica e o processo continua correndo na primeira instância até ser julgado. O novo CPC limitou bastante as hipóteses de sua interposição, mas ainda restam muitas a nosso ver desnecessárias.

Agravo interno é um recurso contra as decisões dos relatores nos tribunais superiores, conhecido também como agravo regimental, que pode ser oposto contra decisões do desembargador relator no segundo grau ou contra decisões dos ministros do STJ e do STF relatores de decisões das quais a parte discorda e por isso recorre. Assim, todas as vezes que o presidente de uma corte nega seguimento a um recurso especial ao STJ ou um extraordinário ao STF, a parte pode opor um agravo interno.

Outro recurso disponível aos litigantes, sendo dos mais utilizados, são os embargos de declaração que podem ser apresentados em relação a qualquer decisão, de primeiro grau, de segundo grau, ou mesmo decisões dos tribunais superiores. Quem julga os embargos é o próprio juiz que proferiu a decisão que é questionada. Ele tem por objetivo esclarecer eventuais obscuridades, corrigir contradições, suprir omissões ou corrigir algum erro material de qualquer pronunciamento judicial. Os embargos suspendem o fluir do tempo como numa partida oficial de xadrez, quando um dos jogadores, após fazer seu lance, toca no seu relógio e o tempo passa a correr no relógio do seu oponente. Se foi o jogador das brancas, o tempo corre para o jogador das pretas e vice-versa. Os embargos de declaração acabam sendo muito utilizados para prolongar as demandas além do justo e razoável. Penso que só poderiam ser interpostos em caso de erro material de uma decisão para impedir que se cometa uma grave injustiça, sendo incluídos como preliminar do recurso que viesse a ser apresentado e examinado pelo colegiado de segundo grau. Se o embargante tivesse razão, o erro seria logo corrigido pelo Tribunal, se estivesse errado, o incidente se encerraria no colegiado de segundo grau. Desta forma se impediria que um erro grave transitasse em julgado, mas se impossibilitaria também sua utilização ao longo do processo apenas para prolongá-lo.

A apelação é formulada ao juízo de primeiro grau que prolatou a sentença intimando a outra parte para que apresente suas contrarrazões que serão enviadas para o segundo grau. São apresentadas aos Tribunais de Justiça dos estados ou nos Tribunais Regionais federais. Cabe ao relator designado decidir pela admissibilidade das mesmas, encaminhá-las ou não ao tribunal para, em conjunto com outros dois desembargadores, decidirem o caso lavrando o respectivo acórdão. Caso não haja unanimidade e um desembargador divergir dos outros dois, é necessário ampliar a colegialidade convocando dois novos desembargadores de outras turmas para num incidente de colegialidade formar nova maioria.

O leitor já deve ter percebido a essa altura como nosso direito processual é minucioso, detalhista, lento e tortuoso. Grande parte dessas decisões transitórias poderia ser resolvida verbalmente por debates e votos que poderiam ser gravados. Eles seriam resumidos depois numa ata publicada eletronicamente e o processo seguiria seu curso. No direito norte-americano, o juiz decide verbalmente a maior parte dos incidentes e confrontos ocorridos ao longo das audiências que não se transformam em recursos, nem prologam o processo. Não há recursos dessas decisões transitórias e verbais que para eles fazem parte do processo chamado justiça. Temos que aprender com eles como reduzir essas decisões transitórias para assegurar um bem maior que é uma justiça mais rápida, ou seja, sermos capazes de sacrificar a quantidade em nome da qualidade, como se faz no xadrez, para prosseguir com a metáfora utilizada.

Creio sinceramente que parte expressiva destas decisões transitórias é hoje um ornamento excessivo, desnecessário e indesejável num mundo em que a justiça precisa ser mais rápida porque cada vez mais digitalizada e frequentemente predatória. O Código de Processo Civil (CPC 2015) é muito bom e trouxe grandes avanços, como já salientamos, mas precisa ser revisto com ajuda de processualistas no capítulo dedicado aos Recursos.

Por exemplo, no STF, a ferramenta artificial *Victor* classifica os precedentes jurisprudenciais em seu Núcleo de Repercussão Geral fazendo uma grande filtragem. Ela identifica entre os inúmeros processos que chegam à Suprema Corte os que merecem repercussão geral e os que não merecem. Seu nome é uma homenagem ao famoso e saudoso Victor Nunes Leal, responsável pela sistematização das decisões do STF por meio das famosas súmulas predominantes, que foram o primeiro esforço de organização jurisprudencial da mais alta corte de justiça do país. Pessoalmente, tive a oportunidade e o prazer de estagiar no seu escritório quando comecei a Faculdade de Direito. Precisamos fazer da Inteligência Artificial (IA) uma oportunidade e não um problema. Parece claro que para enfrentar uma judicialização dessa natureza com sua velocidade estonteante e sem qualquer consideração humana será necessário construir também uma ferramenta de IA capaz da ajudar o Judiciário a combater esse novo e poderoso adversário. Por exemplo, utilizar a IA para selecionar, filtrar e reduzir o número dessas decisões transitórias nos processos, impedindo seu uso indiscriminado e com isso proporcionar ao nosso sistema de justiça uma dinâmica célere e mais efetiva que creio ser o desejo e anseio de toda sociedade e dos setores progressistas do nosso Judiciário.

A reforma tributária

Há cerca de 50 anos iniciaram-se no país os primeiros esforços em prol de uma Reforma Tributária. O Ministério da Fazenda incumbiu a Fundação Getulio Vargas (FGV) da tarefa de elaborar uma proposta para modernizar e aperfeiçoar o sistema tributário brasileiro. Já naquela época era diagnosticada a pouca atenção dispensada ao desenho da nossa tributação com acumulação de incidências fiscais que oneravam a produção e impediam o progresso econômico do país. A FGV teve a inteligência de pensar não apenas uma reforma fiscal e tributária, mas também examinar o processo orçamentário, e por isso ela foi tão importante e abrangente. Em 1963, a Comissão, que teve como relator Rubens Gomes de Souza e diversos juristas especializados em direito fiscal, entre os quais Gilberto Ulhôa Canto teve destacada atuação, já alertava para o fato de que a reformulação do sistema tributário brasileiro demandava muito mais que uma mera edição de leis ou reformulação de tributos. Necessitava antes uma harmonização da tributação num país de dimensões continentais, com enormes disparidades socioeconômicas entre os entes federativos e a existência de vários níveis de governo. Foi certamente a reforma tributária mais profunda que o país já teve.

O problema central na época era a Guerra Fiscal. O comércio estadual era tributado pelo Imposto sobre Vendas e Consignações (IVC) e os estados se utilizavam de diversos estratagemas para atrair a produção de bens para os seus territórios, reduzindo a alíquota aplicada a esses produtos e aumentando a alíquota dos produtos provenientes de outros estados. O IVC era incorporado ao preço do produto e transferido para cada nova etapa produtiva, carregando junto o ônus fiscal, tornando inflacionário o circuito econômico e a distribuição onerando as cadeias produtivas mais longas.

Para resolver os problemas que o IVC gerava, a Comissão inspirou-se na Taxe sur la Valeur Ajoutée (TVA) francesa e criou o ICMS. A TVA é certamente a maior invenção do direito tributário europeu no século XX, tanto que até hoje regula e integra a tributação do consumo de toda a Comunidade Europeia. Foi criação de M. M. Laure, diretor dos impostos francês, que concebeu um tributo sobre o valor adicionado que é fiscalmente neutro na medida em que sua incidência e montante independem da extensão dos circuitos de produção e de distribuição.

Cristalizou-se a noção de que cada operação por si só não deveria ser tributada, mas apenas seu valor agregado, adicionado, ou seja, o lucro efetivo de cada operação. Além de não ter efeito inflacionário como a tributação em cascata, esse sistema permite que cada contribuinte controle o outro contribuinte, uma vez que apenas com o controle do crédito gerado nas entradas de mercadorias é que é possível ao contribuinte reduzir o imposto de suas saídas.

A TVA é o mais importante dos impostos indiretos da França. Seu maior inconveniente é tributar todos os consumidores, independentemente de seus rendimentos, e para minorar esse problema diversas alíquotas são cobradas, sendo as mais elevadas para os produtos de luxo e as mais baixas para aqueles bens de consumo corrente como a alimentação. Além disso, as vendas ao estrangeiro são isentas de TVA e as diferenças de alíquotas entre os dois países favorecem as exportações do país onde as taxas são mais elevadas. Ocorre que tínhamos e ainda temos um problema complicado, quase insolúvel. Copiamos esse modelo de um país unitário como a França trazendo-o para um país federativo com enormes diferenças regionais como o nosso e com três entes tributantes distintos, o que é raro no mundo. Isso gera dificuldades quase insolúveis. Entretanto, tal fato só ficaria visível com o passar do tempo, e mesmo assim o ICMS foi uma grande conquista naquele momento quando comparado à tributação pelo IVC existente.

A Constituição de 1946 tinha alguns princípios gerais na parte tributária, mas esparsos, sem formar propriamente um sistema. Esse só surgiu em decorrência dos trabalhos dessa Comissão que, com a Emenda Constitucional nº 18, de 1965, fez com que o direito tributário construísse um sistema. Esse trabalho resultou no Código Tributário Nacional, aprovado em 1966 como lei ordinária, recebendo depois eficácia de lei complementar com a Constituição de 1967. Era preciso entender e harmonizar o desenho federativo que no Brasil outorgou competência impositiva aos municípios e que criou assim uma tríplice ordem autônoma, uma vez que nos demais países federativos essa competência é apenas da União e dos estados. O Código Tributário seria assim uma zona de amortecimento e de harmonização da ordem constitucional e da legislação ordinária.

Sobre esse aspecto, vale examinar como o próprio Rubens Gomes de Souza sintetizou esse aspecto particular do nosso sistema tributário já em 1954:

> Uma peculiaridade do Código Tributário brasileiro, que o distinguirá de todos os demais da mesma natureza, é justamente o caráter nacional decorrente de sua aplicabilidade simultânea aos três níveis do governo integrantes da Federação [...]. Por outras palavras, a Comissão teve presente que o Código, embora atribuído à competência federal por uma razão óbvia de hierarquia legislativa, não será lei "federal", mas nacional, ainda, que as suas disposições constituirão antes regras endereçadas ao legislador tributário [Ministério da Fazenda, 1954:89-90].

Saliento aqui um aspecto lateral, mas para mim extremamente importante, que é o fato de termos tido diversas gerações de advogados capazes de desenhar e participar de um projeto como esse para o país. Insisto muito nesse aspecto que se contrapõe à incapacidade da atual geração de pensar além das estreitas linhas da legislação já editada. Lembro aqui de civilistas como Ruy Barbosa e Clovis Bevilaqua, de direito público como Francisco Campos, professores de direito civil como San Tiago Dantas, juristas do nascente direito fiscal como Rubens Gomes de Souza, Gilberto Ulhôa Canto, Aliomar Baleeiro, Amílcar de Araújo Falcão, entre outros que além de suas atividades profissionais plenamente exitosas puderam pensar o direito e souberam, quando convocados, dar uma contribuição inestimável ao país. Lembro também de meu pai, jurista de escol, que concebeu a nova Previdência Social do país, à memória de quem este livro é dedicado. O grande e saudoso San Tiago Dantas, seu amigo, que tive a sorte e a magia de conhecer quando era menino, insistia naquela época que "o jurista está no mundo de hoje como deve ter estado o geógrafo na época das descobertas". Havia uma nova cartografia sendo construída com a participação direta dos advogados colaborando com soluções, criando caminhos e descobrindo novas fronteiras. O que diria San Tiago ao vê-los hoje confinados numa posição de coadjuvantes sem participação direta no debate político da sociedade? Essa situação me intriga porque sempre pensei o direito em sua dimensão histórica de ciência humana universal e me assusta e me entristece a situação atual, mas sei que muitos outros advogados têm igual irresignação. Na área fiscal e tributária, o aprisionamento à técnica sem maior visão propositiva é uma característica predominante dos advogados que atuam nessa área. O direito no Brasil perdeu parte de sua capacidade de pensar políticas públicas, de desenhar soluções equidistantes para conflitos urgentes e audácia para pensar caminhos modernos para problemas antigos.

Um dos temas que deverá ocupar nossa sempre adiada reforma tributária deverá ser a redução da regressividade do nosso sistema. Regressividade é o fato incontestável de que uma tributação calcada apenas nos tributos indiretos embutidos no preço do fornecimento de bens e serviços penaliza pesadamente a camada mais simples e pobre da população, que é obrigada a destinar parcela mais expressiva de sua renda a eles, o que não ocorre com as camadas mais ricas, onde isso não se verifica. Isso é visível na cobrança do ICMS dos combustíveis e no custo do fornecimento de energia elétrica e de comunicações. Não faz sentido tributar bens e serviços essenciais da maneira como tributamos. É disfuncional o nosso ICMS sobre o consumo e a distribuição. Todos os países civilizados adotam um tributo sobre o valor adicionado que varia de acordo com a essencialidade dos produtos para a vida cotidiana dos cidadãos. O percentual de recursos retirado da população por esses impostos reduz a renda líquida dela e, em consequência, também seu poder de compra, fazendo com que deixe de adquirir bens e serviços que poderia comprar no mercado interno, aquecendo-o independentemente do mercado externo.

O ICMS é um tributo estadual que compõe o preço da maioria dos produtos vendidos no país, incluindo os combustíveis, sendo responsável pela parcela maior de tributos arrecadada pelos estados. Representa a maior arrecadação fiscal do país, normalmente superando a do Imposto de Renda consolidado, assim entendido como o da pessoa física e jurídica. Em março de 2022, o Senado aprovou o PLP 11/2020, que resultou na Lei Complementar nº 192/2022, determinando uma incidência única do ICMS sobre combustíveis, com base numa alíquota fixa e única em todo país por volume comercializado que variava de 17% a 18%, dependendo de qual fosse a menor alíquota de cada estado, não podendo ser superior a esse teto. Além disso, concedeu isenção de tributos federais até o fim de 2022. A legislação também reduziu as alíquotas do etanol de 20% para 17% e das telecomunicações de 29% para 17%.

Não há como ser contrário a essas medidas num momento de dramaticidade mundial em relação à majoração dos custos de energia a partir da guerra da Ucrânia com a Rússia. O problema é que a inflação controlada de forma artificial, reduzindo impostos dessa maneira, acaba retornando como um bumerangue australiano que dá a volta longe no coqueiro, mas retorna em direção ao canguru que somos nós nessa estória. Não se deve reduzir o ICMS dessa forma distorcida porque a pressão dos entes federativos vai ser enorme quando a vigência desses benefícios acabar. O próprio Congresso Nacional deveria ter evitado a aprovação do projeto na forma como foi encaminhado, e justificado publicamente o motivo para tal rejeição, não aprovando a matéria.

Assim, o governo federal reduziu os preços desses itens, o que provocou uma redução da inflação nos meses de julho a setembro de 2022, produzindo uma deflação de 1,32% nesse período, a maior sequência de queda consecutiva da série histórica medida pelo IBGE, que teve só um momento semelhante por três meses seguidos em 1998. Essa redução foi o fator central para a queda da inflação muito mais do que propriamente a ação dos juros elevados ou do câmbio. Ocorre que esses movimentos artificiais que se aproximam e se assemelham a um congelamento de preços têm efeitos que não se sustentam no médio e muito menos no longo prazo; o que se consegue ao baixar o ICMS ou qualquer imposto dessa forma distorcida é só um benefício transitório. Os estados mais adiante pressionarão a União para a recomposição da perda expressiva de arrecadação desse período, sendo essa a única lição permanente que podemos tirar desse fato meramente transitório.

O estado é o mais pantagruélico dos três entes federativos, com uma competência tributária originária muito mais ampla do que a dos municípios. A União é sempre, num certo aspecto, uma abstração, um conceito de difícil apreensão antes de tudo, já que ninguém mora na União; as pessoas nascem, vivem e morrem nos estados e nos municípios. Quando lecionava direito tributário na faculdade, logo percebi que os alunos tinham uma dificuldade inicial de entender e situar a União por conta de sua dimensão abstrata.

A história já nos mostrou que a maior oposição a uma reforma tributária no Brasil tem vindo ao longo do tempo dos estados que administram livremente 27 sistemas fiscais próprios com incidência nacional e que não querem renunciar a isso. Tal fato ocorreu na construção da Constituição de 1967, quando o IVC foi o centro do confronto e do combate para a implantação do imposto sobre o valor adicionado que representou um avanço fantástico, que depois seria contaminado exatamente pela pressão dos próprios estados.

Sobre o assunto, Ives Gandra da Silva Martins, com a clareza e a autoridade habituais, sintetizou na ocasião:

> Tenho para mim que o maior problema reside na guerra fiscal entre estados. Um imposto de vocação nacional, como é o caso do ICMS, não poderia ter sido regionalizado, como foi, desde o antigo IVC, eis que, pelo princípio da não cumulatividade, incentivos dados em um estado terminam refletindo, nas operações interestaduais, em outros. Em consequência, o estado que os concede oferta melhores condições de competitividade às empresas estabelecidas em seu território, em detrimento das que se encontram sediadas em outros estados.
> Imagine-se uma empresa que não pague ICMS na sua unidade federativa, mas gere crédito na outra. O ICMS incidente sobre o produto será apenas aquele do acréscimo cobrado pelo outro estado, com que seus produtos ficarão mais baratos do que os produzidos na unidade não incentivada [Martins, 2016:201].

É curioso recordar que o Rio de Janeiro renunciou à enorme receita de ICMS sobre petróleo, derivados e combustíveis na Constituição de 1988, mesmo sendo detentor de 80% das reservas petrolíferas do país. Um grave erro na condução dos trabalhos da Reforma Tributária foi feito pelas lideranças políticas do estado em relação à incidência do ICMS nas operações com lubrificantes e combustíveis derivados do petróleo, permitindo que o imposto fosse recolhido onde houvesse o consumo. Ao contrário de quase todos os demais bens e serviços, o ICMS sobre a extração do petróleo passou a ser cobrado no destino (onde é consumido) e não na origem (onde é produzido), sendo uma das únicas incidências distintas de todo o sistema tributário. Foram instaladas diversas Comissões durante os trabalhos da Constituinte para a redação da nova Constituição. A dedicada ao Sistema Tributário teve como relator o então deputado José Serra, que trabalhou ativamente para proteger o estado de São Paulo, que nesse aspecto se beneficiou dessa desatenção injustificável da bancada fluminense que custa muito caro até hoje ao estado. O Rio de Janeiro deixou de ganhar volumosos recursos de ICMS nas operações interestaduais e nas exportações que lhe dariam independência financeira ao permitir que praticamente toda a renda do ICMS sobre o petróleo fosse capturada pelos estados de destino, como parte do ICMS sobre combustível. Algum dia um jornalista e pesquisador preparado conseguirá recompor o que ocorreu naquele momento, que trouxe graves consequências para o estado, e poderá fazer um trabalho superinteressante com detalhes e nuances desse erro tão grave e tão pouco documentado e descrito.

Parece também claro para mim que há uma relação direta entre tributação muito elevada e falta de competitividade econômica, e isso é bem evidente no Rio de Janeiro, que não por acaso possui as maiores alíquotas fiscais do país. O estado cobra o maior imposto de transmissão *causa mortis* do país na alíquota máxima de 8%, quando estados como São Paulo cobram 5% e Minas Gerais tem como teto 6%. O êxodo fiscal é silencioso e contínuo, o contribuinte como a natureza não reclama, se vinga; no caso, muda de domicílio fiscal se puder.

O ICMS sobre combustíveis, tal como cobrado, além de ser um imposto absolutamente disfuncional, faz com que as diferenças de alíquotas do tributo entre os estados sejam um convite à sonegação. O diesel, que é um produto essencial, é tributado com alíquota superior a 30%. Em relação ao etanol, ele é tributado no Rio de Janeiro com alíquota de 32% e em São Paulo a 12%, uma diferença de 20 pontos percentuais que gera um espaço enorme e tentador de sonegação fiscal pela simples emissão de notas frias de uma unidade da Federação para outra. Além disso, como o ICMS, ao contrário da matriz francesa do IVA, é calculado por dentro, o contribuinte fica sem ter consciência da carga fiscal verdadeira que suporta, sendo essa uma das maiores razões para o desconhecimento e falta de consciência política que o contribuinte brasileiro tem em relação ao volume de impostos que paga. O IVA é cobrado por fora e vem destacado na nota fiscal de consumo que todo contribuinte dos países que o adotam pode controlar, o que não é possível com o nosso ICMS.

Quando este ensaio estava sendo pensado e escrito, a Reforma Tributária foi finalmente aprovada e adotamos a cobrança sobre o valor adicionado quando o imposto será devido no destino e local de consumo e não mais no da produção, o que poderá pôr fim ou reduzir expressivamente a guerra fiscal que nos acompanha há décadas. As empresas descontarão do valor que terão a pagar aquilo que já tenha sido pago por outros consumidores e contribuintes ao longo de toda a cadeia produtiva. O sistema atual do ICMS também gera créditos tributários em suas diversas operações, mas sua complexidade e as inúmeras disputas jurídicas contaminam o processo para o contribuinte e para o consumidor. Isso deverá desaparecer.

Haverá uma unificação dos impostos pela fusão do IPI, da Cofins e do PIS na nova Contribuição sobre Bens e Serviços (CBS) que reunirá os impostos federais. De outro lado, o imposto estadual (ICMS) e o municipal (ISS) serão consolidados no Imposto sobre Bens e Serviços (IBS). Promete-se também uma uniformização de alíquotas que fará com que o IPI de produtos similares que hoje tem enormes diferenças financeiras deixe de existir.

Para reduzir ainda mais a regressão do nosso sistema tributário, o Ministério da Fazenda pensa em implantar um mecanismo de *cashback* fiscal pelo qual parte do dinheiro pago pelas famílias de baixa renda será devolvida a elas como crédito financeiro nas suas contas de gás e luz. Assim, não se reduzem propriamente as alíquotas dos impostos sobre o consumo, uma vez que isso beneficiaria as camadas superiores, mas se devolve parte do que foi pago pelas famílias pobres como um crédito financeiro, diminuindo dessa forma a regressividade do sistema como um todo. Não é fácil a sua implantação por questão técnicas que não cabe agora abordar, mas é possível e alguns países já o fizeram.

A grande crítica é que temos um longo e complexo percurso a ser vencido com a primeira mudança em 2026, quando se implantará a alíquota teste, até o distante ano de 2033, quando o IBS será cobrado em sua alíquota definitiva e o ICMS e o ISS serão extintos. Poderíamos e devereríamos ter sido mais ousados quanto a essa cronologia. Com a adoção e efetiva implantação do imposto sobre o valor adicionado, a tributação ficará mais transparente, permitindo ao consumidor saber quanto está pagando de imposto em cada produto ou serviço, e o IVA deslocará a tributação da produção para o consumo e deverá desonerar investimentos e aumentar a competitividade. A reforma é excelente, sendo uma grande conquista do Governo Lula, das mais importantes e duradouras de sua gestão, que foi defendida por todos há anos e que agora se realiza concretamente.

A Lei nº 14.754/2023 estabeleceu a cobrança de imposto de renda sobre os rendimentos de aplicações no exterior (*offshores*) e em fundos fechados detidos por pessoas físicas no Brasil. Os investimentos *offshore* se fazem por fundos financeiros fora do Brasil, cuja sede está em outro país em ativos internacionais com gestores frequentemente sediados nesse país. A tributação só se dava quando da efetiva distribuição dos recursos à pessoa física residente no Brasil e agora passa a ser anual. Também se altera a sistemática dos fundos exclusivos no Brasil voltados e detidos por membros de uma mesma família ou grupo; eles só eram tributados quando houvesse resgate e distribuição aos cotistas. Agora ficarão sujeitos ao recolhimento periódico do Imposto de Renda Retido na Fonte (IRRF) na sistemática de come-cotas, conforme sejam de curto ou de longo prazo, como todos os demais contribuintes, ou seja, a mesma sistemática a que os fundos não exclusivos já estão submetidos e tributados.

Na tributação *off-shore* é dada aos contribuintes a opção de antecipar o pagamento sobre o estoque de resultados acumulados e a atualização ao mercado de bens e direitos pela alíquota de 8%, ao invés de 15%, que passarão a ser a nova alíquota dos rendimentos financeiros no exterior. Outra grande vantagem de uma eventual antecipação é que o valor da base de cálculo terá variação cambial isenta se positiva e não dedutível se for negativa.

A PEC nº 45/2019 também aprovada definiu que a sucessão hereditária competirá ao estado onde era domiciliado o *de cujus*. O imposto de transmissão *causa mortis* será progressivo em razão do valor do quinhão, legado ou doação. Prevalece a regra de que cabe ao Senado Federal a competência legal para fixar a alíquota máxima que atualmente é de 8%, e que os estados podem cobrar o ITCMD inclusive de bens no exterior, o que depende de uma Lei Complementar. O IPVA, por sua vez, passará a ser cobrado sobre a propriedade de veículos automotores terrestres, aquáticos e aéreos.

Outro projeto bem adiantado é a PEC 128/2019 do deputado Luís Miranda (Republicanos-DF), que resgata a tributação pelo imposto de renda dos lucros e dividendos recebidos pelos sócios e acionistas das empresas que deixou de ser cobrado em 1996 e que trouxe um aumento expressivo de arrecadação com a expansão do número de contribuintes, mas por outro lado gerou um sentimento de injustiça para os contribuintes tributados sem a proteção de uma pessoa jurídica com incidência maior e implacável. Seria desejável que não fixassem alíquotas punitivas para que os contribuintes hoje fidelizados não migrem para outras soluções, reduzindo a arrecadação geral.

A alta judicialização do país faz com que o contencioso tributário corresponda a quase 75% do PIB brasileiro. O recente Diagnóstico do Contencioso Judicial Brasileiro, elaborado pelo CNJ em parceria com o Insper, detalha que as disputas tributárias brasileiras são 17 vezes mais pesadas no Brasil do que no exterior. Segundo o Instituto Brasileiro de Planejamento e Tributação (IBPT), desde a promulgação da Constituição Federal em 1988 até hoje, mais de 320 mil normas fiscais foram criadas no Brasil. Isso significa que a cada dia útil são criadas ou atualizadas cerca de 46 obrigações de natureza fiscal. Isso obriga que as empresas de porte médio e grande tenham um custo administrativo constantemente elevado. Seria bom se pudéssemos refletir sobre a sabedoria do ditado inglês que ensina que "*an old tax is a god tax*", que traduzo livremente para "um velho imposto é um bom imposto", porque facilita o trabalho do Fisco, reduz a taxa de surpresa do contribuinte e assegura uma arrecadação contínua.

Assim tivemos um aumento expressivo da carga tributária com todos esses projetos aprovados cujos impactos efetivos só serão percebidos mais adiante. Tínhamos uma carga tributária ou pressão fiscal no governo Itamar Franco de 28%, que é hoje de 34%, mas continuamos aumentando essa carga para suportar o déficit fiscal. É preciso reduzir a estrutura e a natureza do gasto público por meio de uma reforma patrimonial do país. Ressaltamos que qualquer modelagem tributária, para ter êxito duradouro, tem que permitir alguma folga fiscal, senão se transforma numa simples derrama, como frequentemente tem ocorrido. Nosso desafio nesse momento não é simplesmente continuar a aumentar o nosso déficit, como temos feito ininterruptamente nos últimos anos, mas sim fazer uma reforma que aperfeiçoe o nosso sistema tributário e traga desenvolvimento e equilíbrio financeiro ao país harmonizando a política fiscal e a monetária.

Modulação fiscal

Durante muitos e muitos anos advoguei na área tributária e fiscal. Em diversas ações declaratórias movidas para meus clientes, consegui o reconhecimento da ilegalidade das cobranças e assim recuperar o imposto pago por eles, quando esse tributo finalmente, depois de longo percurso judicial, fosse considerado inconstitucional pelo STF. Era maravilhosa a sensação do meu cliente e a minha ao ver aquele crédito fiscal, que na ocasião era apenas um carnê quitado esquecido numa gaveta, transformar-se no reconhecimento efetivo de um direito e, em consequência, converter-se novamente em dinheiro concreto e disponível para o contribuinte. Era como se Davi pudesse novamente vencer Golias, ou seja, o mais fraco derrotar o mais forte num combate a céu aberto. Esse prazer infelizmente hoje não é mais possível e explico ao leitor por quê.

Os contribuintes ingressavam em juízo para ver reconhecida a ilegalidade de determinada cobrança e assim recuperar o imposto que havia sido pago indevidamente após decisão do STF favorável ao contribuinte. A tradição do nosso direito sempre foi de entender que, se uma lei fosse considerada inconstitucional pelo STF, ela seria nula de pleno direito e essa decisão produzia efeitos *ex tunc*, ou seja, de forma retroativa permitia-se ao contribuinte receber os recursos dessa cobrança indevida. Esse era o critério permanente adotado pelo Supremo em matéria tributária.

Entretanto, com a Lei nº 9.868/1989 foi permitido que a Suprema Corte, pela maioria de dois terços de seus membros, "ao declarar a inconstitucionalidade de lei ou ato normativo", tendo em vista razões de "segurança jurídica ou excepcional interesse social", pudesse também "restringir os efeitos daquela declaração ou decidir que ela só tenha eficácia a partir do seu trânsito em julgado ou de outro momento que venha a ser fixado". Vamos examinar as duas condicionantes para que isso seja permitido. Os requisitos de segurança jurídica e de excepcional interesse social que o texto exige não são de difícil alegação, ainda que sejam de difícil comprovação. O primeiro diz respeito à estabilidade das relações jurídicas envolvidas, que depende do ponto de vista de cada um. Observe-se que a segurança jurídica não é rompida de forma imprevisível por uma decisão judicial desfavorável ao ente público, uma vez que ele tinha consciência que isso poderia ocorrer ao editar a lei tornada nula, poderia não pôr em risco o ente público e ainda assim o fez. O segundo frequentemente é apenas uma simples substituição do que é excepcional interesse social por um interesse estatal transitório que justifique esse aumento fiscal.

Assim os fiscos têm conseguido modular as ações que lhes são desfavoráveis, tornando todo o esforço da sociedade civil, por meio dos contribuintes e de seus advogados, ineficaz ao manter os recursos indevidos nos cofres públicos. O contribuinte ganha, mas não leva, e sem perceber a Suprema Corte acaba protegendo o Executivo, o que não ocorria no passado. Assim, ao modular, o STF permite que os respectivos governos aumentem a carga tributária de maneira inconstitucional, por que não dizer ilegal, produzam um superavit primário para cobrir o déficit permanente das contas públicas, sem devolver nada aos contribuintes que pagaram e suportaram um imposto indevido. A modulação de efeitos no julgamento de uma norma em matéria fiscal em decorrência da sua tipicidade fechada e do princípio universal de não surpresa do contribuinte exige um exame acurado e não pode ser aplicada apenas pela simples adoção dos argumentos financeiros do fisco.

Nosso ordenamento jurídico admite duas vias de controle da constitucionalidade das leis: a difusa e a concentrada. Todo órgão judicial exerce em sua competência o controle difuso, que nada mais é que o controle de constitucionalidade de leis e atos normativos por qualquer juiz ou órgão do Poder Judiciário no curso de um processo. Ele ocorre no julgamento de um caso concreto quando o magistrado entende que aquela norma é inconstitucional e não será, portanto, aplicada naquele caso específico.

De outro lado, temos o controle concentrado que é exercido apenas pelo STF, que tem o direito e a prerrogativa de julgar as ações diretas de inconstitucionalidade das leis com fundamento no artigo 102, inciso I, alínea à Constituição Federal. Assim, toda e qualquer demanda nesse controle fechado da comunidade judicial é decidida pelo STF, salvo se a matéria for de competência estadual, quando será julgada pela própria justiça estadual. Assim, a constitucionalidade independe de aplicação a um caso concreto, uma vez que se examinam normas em abstrato. Quatro dispositivos previstos na CF regulados em 1999 servem a esse controle concentrado: Ação Direta de Inconstitucionalidade (ADI), Ação Declaratória de Constitucionalidade (ADC), Arguição de Preceito Fundamental (ADPF) e Ação Direta de Inconstitucionalidade por Omissão (ADO). Percebe-se novamente como nosso direito processual é confuso, prolixo e complicado, e, por exemplo, todas essas múltiplas formas de questionamento e revisão talvez pudessem se concentrar numa só modalidade: a Ação Direta de Inconstitucionalidade (ADI), a mais utilizada no Judiciário.

Em 1992, algumas empresas conseguiram na Justiça o direito de não pagar a Contribuição Social sobre o Lucro Líquido (CSLL) e o caso transitou em julgado. Saliente-se que o fisco podia pleitear a reversão dessas decisões judiciais desfavoráveis por meio de uma ação rescisória que tem o prazo de dois anos para ser proposta e que julgada procedente rescinde o julgado, mas não o fez. Nesse caso, o fisco poderia ganhar; como poderia perder, mas ficou inerte. Com a perda do prazo pelo fisco, o contribuinte passou a entender que tinha coisa julgada a seu favor nesses processos específicos.

Porém, em 2007, o STF declarou o tributo constitucional no julgamento da ADI nº 15 e decidiu que a cobrança da CSSL obedecia às regras da Constituição, determinando que todas as empresas passassem a pagar a contribuição. Algumas empresas recorreram novamente da decisão ao próprio STF e ficaram à espera de uma orientação sobre como agir, inclusive saber desde quando seria o pagamento da contribuição, o que não ocorreu. O STF deveria ter divulgado de forma ampla e precisa essa mudança de entendimento, mas não o fêz.

Recentemente, em 2023, foi firmada uma maioria de votos que permitirá a reversão de decisões judiciais definitivas que até agora beneficiavam esses contribuintes vitoriosos. Ela alterou todos os processos em que se discute o pagamento de tributos que se repetem periodicamente, ou seja, de uso continuado, ainda que a decisão tenha sido apenas sobre a CSLL. Arguiu-se a existência de coisa julgada, mas o STF afastou essa questão na sua decisão mesmo que ela tenha ocorrido. Um contribuinte que questionou na justiça determinada cobrança, mesmo tendo ganho de causa em seu favor com seu processo encerrado e autorizado a deixar de pagar um tributo, poderá perder esse direito se a Corte Suprema, ao julgar agora o tema, decidir que a cobrança é indevida em regime de repercussão geral. O presente invade o passado de forma instantânea.

A votação no STF, sobre se a decisão produziria efeitos apenas no futuro ou também no passado, foi apertada (seis a cinco), quando por estreita maioria decidiu-se não aplicar a modulação. O ministro Luís Roberto Barroso, que foi autor do voto vencedor, sustentou que, como desde 2007 já estava clara a posição da Corte em relação à validade da CSSL, o não recolhimento do tributo geraria uma situação anti-isonômica com efeitos na livre concorrência em decorrência da vantagem dessas empresas que tinham decisão judicial e que deixaram de recolher o tributo. De outro lado, o ministro Edson Fachin considerou que a eficácia das decisões do STF em ações diretas de inconstitucionalidade ou em recursos de repercussão geral não deve retroagir automaticamente. De acordo com ele, em razão da segurança jurídica, seria necessário o ajuizamento de uma ação rescisória para que o novo entendimento pudesse prevalecer, o que não foi feito pelo Fisco. Assim, sustentou que a decisão gerasse efeitos apenas futuros a partir da publicação da ata do julgamento dos dois recursos extraordinários em análise. Essa tese foi vencida, mas a ela me alinho porque creio que a coisa julgada é um valor essencial e permanente que deve ser preservado e porque a ação rescisória é uma modalidade processual que precisa ser prestigiada e mantida. Ulpiano sustentou sempre que " a coisa julgada considera-se como verdade".[8]

As dívidas fiscais geradas desta maneira são gigantescas e sobre elas serão acrescidas multas moratórias de 75% do débito, além da atualização pela Selic, o que, convenhamos, é excessivamente punitivo para empresas que tinham decisões definitivas favoráveis do Judiciário. Percebe-se também que o STF acaba aceitando muito mais recursos extraordinários com repercussão geral do que consegue decidir. Uma definição prévia e anual do número de recursos que seriam aceitos para repercussão geral pelo próprio STF traria mais segurança à sociedade e permitiria que, com essa definição prévia, fossem selecionados os processos mais significativos de cada tema apresentados à Corte e que poderiam assim ter suas decisões mais bem debatidas por seus membros e também mais bem compreendidas pela própria sociedade.

O aspecto mais injustificável dessa decisão não foi propriamente seu mérito, mas sobretudo a não aplicação da modulação, ou seja, o mesmo tratamento que o STF utiliza e adota nos processos quando o Poder Executivo é derrotado e que quase foi adotada. Tenho a impressão e o sentimento de que, se houvesse menos pressão de tempo, o Plenário iria adotar a modulação. A solução isonômica seria aplicar a modulação em mão dupla, com o que o próprio Judiciário sairia fortalecido e se teria feito justiça. Certamente, o mesmo STF buscará reduzir o impacto das multas incidentes sobre a cobrança do imposto dessas empresas que tinham decisões definitivas consolidadas anteriormente e que haviam efetivamente transitado em julgado, como sustentou o ministro Edson Fachin e os que votaram com ele na ocasião.

[8] França (1969). Outro brocado do mesmo Ulpiano ressalta a estrutura sinalagmática que é da essência do direito, mas que em matéria fiscal tem sido esquecida e violada entre nós quando ensina que "não deve ser permitido ao autor o que não se permite ao réu".

As ações fiscais são de certa forma repetitivas e alcançam um universo rígido e repetido de autores e réus. A obrigação tributária tem como sujeito ativo sempre o fisco, seja ele a União, os estados ou os municípios, e como sujeito passivo sempre o contribuinte, seja ele pessoa física ou jurídica, e por isso mesmo seus fundamentos de certa forma se repetem. Existem no máximo 10 grandes temas fiscais num período, digamos, de dois a três anos envolvendo nosso sistema fiscal. Quando comecei a advogar, o fisco ganhava cinco deles e os contribuintes ganhavam os outros cinco. Pouco depois, o fisco começou a ganhar seis e o contribuinte apenas quatro. E assim prosseguimos até chegarmos à situação atual na qual os contribuintes perdem todos os temas.

A pressão do Estado entendido aqui como União, estados e municípios, tem permitido ao STF decidir majoritariamente em favor do fisco e contra os contribuintes. A balança simbólica da justiça está desequilibrada. O STF precisa retornar à sua posição e tradição de fiel da balança do pacto federativo, não permitindo que o Poder Executivo seja sempre o beneficiário da maioria das ações judiciais tributárias. O Judiciário tem orçamento próprio e assim possui autonomia financeira em relação ao Executivo que permite confrontá-lo, e como é o último bastião de defesa do contribuinte, deveria voltar a ter em matéria fiscal a independência que já teve em nosso passado recente.

Limites para o foro privilegiado

Um dos assuntos que mais desgasta o Poder Judiciário junto à opinião pública é o tratamento totalmente assimétrico na aplicação da lei e na punição dos crimes, delitos e desvios da maioria da população brasileira, ou seja, de 215 milhões de brasileiros, quando comparada ao tratamento dado aos 513 deputados federais e 81 senadores que compõem o nosso Congresso Nacional, além de um número imenso de autoridades protegidas pelo foro privilegiado. Vamos por partes. Os parlamentares possuem uma imunidade parlamentar presente em todo o mundo que os protege no exercício do seu mandato popular e que impede que suas ideias e opiniões possam ser censuradas ou punidas. Essa imunidade é universal, clássica e está presente em todo o mundo civilizado, sendo inconcebível e impensável o exercício da democracia sem ela, e assim sobre ela não há qualquer observação ou reparo a ser feito.

As manifestações proferidas no recinto da casa legislativa do parlamentar são acobertadas de forma absoluta por essa imunidade material. Segundo a jurisprudência do STF, se o parlamentar estiver no recinto do Congresso Nacional, terá toda a liberdade em seus pronunciamentos, e, nesse caso, ele não será questionado se estava ou não no exercício da função. Sua presença física na respectiva Casa por si só o comprova. Essa imunidade parlamentar é conhecida como imunidade absoluta.

As imunidades parlamentares surgiram como corolário e consequência natural da defesa da independência do parlamento no sistema constitucional inglês, por meio da proclamação do princípio do *freedom of speach* (liberdade de palavra) e do *freedom from arrest* (imunidade à prisão arbitrária) contidos no Bill of Rights de 1689, proclamando que a liberdade de expressão do parlamento não poderia ser impedida. Isso acabou sendo incorporado a todos os sistemas jurídicos das democracias ocidentais. No texto legal ficou dito de forma suscinta e precisa que: "Os discursos pronunciados nos debates do Parlamento não devem ser examinados senão por ele mesmo, e não em outro Tribunal ou sítio algum".

Já a imunidade material prevê e assegura outras garantias de natureza processual aos parlamentares, entre as quais: prisão somente em flagrante por crime inafiançável após a expedição do diploma; possibilidade de sustação do processo criminal pela Casa legislativa por maioria para crimes praticados após a diplomação; dispensa do parlamentar de testemunhar sobre informações relacionadas com o exercício do seu mandato e foro privilegiado por prerrogativa de função. A redação inicial da Constituição de 1988 condicionava o processo criminal e a prisão de parlamentares à licença prévia e expressa da sua Casa parlamentar e a simples ausência dessa deliberação já impedia por si só a instauração ou início de qualquer ação penal. Como consequência, até que fosse promulgada a Emenda Constitucional nº 35, em 2001, nenhum parlamentar foi processado desde 1988 até essa data.

Essa Emenda Constitucional nº 35/2001 representou um evidente avanço ao terminar com a necessidade prévia de licença do Senado ou da Câmara, o que na prática permitia a prescrição, uma vez que o Congresso não expedia a deliberação. Entretanto, o que foi corrigido de um lado foi anulado de outro ao se permitir que o próprio Congresso Nacional pudesse sustar a ordem de prisão decidida pelo Judiciário. De um lado se concedeu ao Judiciário a faculdade de julgar e punir os membros do Legislativo, mas de outro lado, na realidade, esse mesmo Judiciário ficou imobilizado de exercer tal poder, porque o poder de decidir sobre a manutenção ou não dessa prisão permaneceu com o mesmo Legislativo que pode sustar essa ordem de prisão.

Os parlamentares no Brasil possuem também foro privilegiado que garante a eles a prerrogativa de só serem julgados penalmente pelo STF e não pela justiça comum. Essa imunidade é a mais criticada pelo cidadão comum, como pela maioria dos advogados e pelo próprio Poder Judiciário, e precisa ser revista, como se examinará.

O tempo tanto cria como destrói direitos e seu simples decurso por si só produz modificações importantes na existência humana e, em consequência, no mundo do direito, permitindo a aquisição de direitos que a pessoa não tinha, ou gerando a perda de direitos de que a pessoa era titular. Nos processos judiciais, em função da demora do tempo, são frequentes os casos de prescrição, ou seja, de não julgamento das ações judiciais pelo decurso do prazo legal para seu julgamento, gerando efeitos de decisão favorável ao acusado sem que se tenha analisado sequer o seu mérito, reforçando o sentimento de injustiça que os demais brasileiros têm em relação a esse tratamento privilegiado.

Os parlamentares só podem ser acionados nos Tribunais Superiores onde a tramitação é muito lenta. Atualmente, o prazo médio para recebimento de uma denúncia no STF é de 581 dias. Um juiz de 1º grau recebe essa mesma denúncia com no máximo uma ou duas semanas. Além disso, são frequentes as mudanças de competência, e apenas 5,94% das ações penais que terminaram no Supremo derivavam de inquéritos iniciados na Corte. Saliente-se que nosso foro por prerrogativa de função não encontra paralelo nem na nossa história constitucional e muito menos no direito comparado. Na Alemanha, na França, nos Estados Unidos, na Itália e em Portugal, para citar alguns exemplos, o foro privilegiado fica restrito a poucas autoridades e essa é a regra na maioria das democracias.

Além disso, sabemos todos que os Tribunais Superiores, o STF como o STJ, não são os foros mais adequados para proceder a justiça com rapidez nesses casos. O juízo de primeiro grau, ao contrário, está próximo dos fatos, podendo formar a instrução criminal com celeridade, conduzindo pessoalmente os interrogatórios, depoimentos e provas periciais, enfim, tudo que forme o conjunto probatório necessário para permitir um julgamento seguro que busque a verdade e faça justiça. Por essa razão, a Lei nº 11.719/2008 introduziu um dispositivo no Código de Processo Penal reforçando essa opção de valorizar o contato pessoal do magistrado com as provas, estabelecendo que: "O juiz que presidiu a instrução deverá proferir a sentença". Ainda que já exista precedente no STF em sentido diverso, essa parece ser a mais natural e lógica opção que deve continuar a ser prestigiada.

Outro problema grave é a manipulação de jurisdição pelos próprios réus. É preciso fixar um marco temporal a partir do qual a competência das ações penais pelo STF seria fixada, para que a mudança de função do agente público seja por renúncia, não reeleição ou mesmo eleição para cargo diverso, não fosse modificada por ela. Alguns dos indiciados procuram a eleição para mudar de órgão jurisdicional competente, há os que deixam de se candidatar a uma eventual reeleição propositadamente e os que renunciam para provocar a baixa do processo. Instala-se um verdadeiro sobe e desce processual dos indiciados por força de mudanças ocorridas na sua situação política que provocam retardo e confusão nas respectivas instruções penais, impedindo que se faça justiça.

O STF agiu com alguma indecisão inicial, mas foi aos poucos corrigindo esses problemas e fechando as tentativas de evasão. Na Ação Penal nº 396, de relatoria da ministra Cármen Lúcia, em 2010, a maioria da Corte reconheceu que a renúncia apresentada à respectiva Casa Legislativa na véspera do julgamento de ação penal pelo Plenário não poderia ser usada como subterfúgio para deslocamento de competências e manteve o julgamento no STF.

Mais tarde, em 2014, a Primeira Turma, na AP nº 606 QQ, tendo como relator o ministro Luís Roberto Barroso, reconheceu de forma ainda mais ampla que a renúncia após o final da instrução penal é abusiva e não acarreta consequência a perda de competência do STF.

Para que se tenha uma dimensão da magnitude do problema, é importante ter conhecimento de que temos cerca de 60 mil ocupantes de 40 tipos de cargo nas três esferas de governo federal, estadual e municipal e nos três poderes com prerrogativa de foro privilegiado no Brasil. Perante o STF, são processados e julgados mais de 800 agentes públicos, entre eles o presidente da República, o vice-presidente, 513 deputados, 81 senadores, atualmente cerca de 31 ministros de Estado. Além deles, a competência alcança, também, três comandantes militares, 90 ministros de Tribunais Superiores, nove membros do Tribunal de

Contas da União e 138 chefes de missão diplomática de caráter permanente. Por seu turno, o STJ é responsável por julgar cerca de 2,7 mil autoridades como governadores, senadores, membros dos TJs, TRFs, TRTs e TREs. Acrescente-se a tudo isso cerca de 30 mil detentores de foro por prerrogativa nos Tribunais Regionais Federais e de Tribunais de Justiça.

Por exemplo, em 2016, no STF existia um total de 84 ações penais contra 53 parlamentares federais. Alguns desses processos encontravam-se, em média, há sete anos e oito meses sem desfecho; 22 (26%) processos estavam sem andamento processual há mais de 10 anos e 37 (44%), há mais de seis anos, e quatro processos ultrapassaram 15 anos sem decisão final. Assim, além da média temporal sem desfecho aqui informada, pode-se afirmar que 59 dos 84 processos (70%) estavam há mais de seis anos sem qualquer movimentação na Corte. Não existem estatísticas atualizadas dos processos movidos contra autoridades detentoras de foro privilegiado no STF nem no CNJ (Relatório Supremo em números, 2017).

O Poder Judiciário gera perplexidade e surpresa quando contraria uma de suas funções essenciais que é de assegurar um tratamento equânime a todos os cidadãos, partindo da ideia de que todos podem e devem receber sentenças e tratamentos iguais. Em relação ao mundo político, constata-se que nem todos são iguais perante a lei ou que a lei não é igual para todos, como queiram, pois as decisões são bem diversas dependendo da situação política dos envolvidos. Se o indiciado estiver no exercício de um mandato popular e parlamentar, certamente terá grande chance de ver seu caso arquivado ou prescrito. Caso não tenha foro privilegiado, aumentam muito as chances de ser punido.

O ministro Luís Roberto Barroso, em ensaio sobre o assunto, lembrou que, na sua origem, a prerrogativa de foro tinha por objetivo assegurar aos ocupantes de cargos constitucionalmente relevantes que eles não ficariam expostos à utilização de processos penais como forma de intimidação aos mesmos no exercício de suas funções. Em um voto sobre a matéria, fez uma análise minuciosa da evolução do instituto a partir da Constituição de 1824, que permaneceu mais ou menos inalterado nas Cartas de 1831, 1934, 1937 e 1946, que asseguravam o foro perante o STF apenas para altas autoridades do país. Por fim, concluiu que "apenas com a Carta de 1969 outorgada pelos ministros militares, é que se estendeu a prerrogativa de foro nos crimes comuns aos membros do Congresso, providência que, até então, jamais fora considerada como necessária para o bom e livre desempenho parlamentar". Ora, a situação política daquela época de exceção felizmente não está mais presente no nosso momento atual, com o país vivendo um processo democrático pleno que acaba de ser testado numa eleição tensa e complicada. Assim, fica mais difícil ainda ao cidadão comum e à opinião pública em geral entender uma imunidade da extensão e amplitude do nosso foro privilegiado (Barroso, 2021:181-202; 2015).

É dele também uma das manifestações mais veementes contra a permanência desse instituto de forma extensiva no país insistindo que "ele é um problema porque ele gera impunidade. Ele é um problema porque ele desgasta o Supremo. Ele é um problema porque não se justifica numa República. Ele é um resquício aristocrático e que tem produzido a consequência nefasta no Brasil de gerar impunidade" (manifestação do ministro Luís Roberto Barroso).

Alguns estudiosos defendem uma ideia interessante. O tempo médio de recebimento de uma denúncia na primeira instância é de uma semana, enquanto, por seu turno, no STF é de quase dois anos, como já salientamos. Assim, permitir que a abertura do processo pudesse se dar no juízo de primeiro grau poderia ser uma alternativa, um caminho possível. Caso o juiz de primeiro grau entendesse haver materialidade do fato e indícios claros de autoria, receberia a denúncia afastando o parlamentar de suas funções até que houvesse uma decisão definitiva que poderia ser dele mesmo após o aprofundamento do caso. O parlamentar não perderia seu mandato nesse primeiro momento e estaria apenas suspenso de suas atividades, assumindo no seu lugar seu respectivo suplente. Garantiria-se, assim, a continuidade da atividade legislativa e haveria sempre um duplo grau de jurisdição que analisaria o caso em grau recursal, o que permitiria que o titular retornasse ao seu mandato em caso de improcedência da denúncia ou que seu suplente fosse consolidado de forma permanente nesse cargo caso a denúncia fosse julgada procedente.

Inúmeras autoridades e órgãos de classe são contrários ao foro privilegiado da classe política nos moldes atuais. A Associação dos Magistrados Brasileiros (AMB) se posiciona nesse sentido desde 2007, sustentando que os tribunais superiores recebem mais processos contra autoridades do que são capazes de julgar. A Associação Nacional dos Procuradores da República (ANPP) também tem a mesma posição. Outra ideia seria a criação de uma vara específica que poderia ser uma alternativa à simples distribuição ao juízo de primeiro grau.

É evidente que determinadas funções públicas, por sua relevância e importância para o funcionamento de todo país, como o presidente da República e seu vice-presidente da Republica, o chefe do Judiciário e os presidentes do Senado Federal e da Câmara dos Deputados, por exemplo, merecem e precisam ter essa proteção especial. É claro também que ela só se aplica aos crimes cometidos durante o exercício do cargo e relacionados com as funções nele desempenhadas.

Há seis anos o STF decidiu que o foro privilegiado beneficiava somente quem ocupava essa função quando ela era exercida. Recentemente, revisitou a matéria e modificou esse entendimento que ele mesmo havia firmado. O foro privilegiado agora acompanha o ocupante do cargo mesmo quando ele não mais o exerce desde que a ação judicial tenha se iniciado contra ele no exercício dela. Esse tema irá certamente tornar-se obrigatório em algum momento; entretanto, só poderá ser equacionado de forma segura e permanente por uma emenda constitucional ou pela própria Constituição na hipótese de uma nova Assembleia Constituinte, quando a matéria poderá ser examinada, debatida e pacificada.

A prisão em segunda instância

Uma questão também complicada que terá que ser enfrentada em algum momento é a prisão em segunda instância, sobre a qual paira desconhecimento, névoa e confusão. Vamos também por partes. A prisão após condenação em segunda instância é a possibilidade de que o réu condenado à pena privativa de liberdade comece a cumprir sua sentença após a decisão de segundo grau, ainda que existam recursos pendentes nos tribunais superiores. Existem posições opostas na sociedade brasileira sobre o assunto. Os contrários à prisão em segundo grau sustentam que ela fere o princípio de presunção de inocência previsto na Constituição de 1988, sendo uma cláusula pétrea que não poderia ser revogada pelo STF, como em alguns períodos já o foi. Os favoráveis entendem de forma diversa, como se demonstrará de forma minuciosa.

Existem argumentos sólidos e comprovados que justificam e recomendam a prisão após a condenação criminal em segunda instância, ou seja, após a decisão do Tribunal de Justiça nas demandas cíveis ou do Tribunal Regional Federal nas demandas fiscais, mesmo que ainda caibam recursos especial ao STJ ou extraordinário ao STF. Várias são as razões que justificam isso. Primeiro, porque essa ampla possibilidade de recorrer em liberdade só se verifica com os réus com patrimônio e renda capazes de pagar ótimos advogados para interpor todos os recursos cabíveis, e isso gera uma espécie de seletividade e injustiça adicional ao nosso sistema penal. Os réus pobres não têm como pagar essa ciranda jurídica e são presos rapidamente em primeiro grau. Segundo, porque essa possibilidade de procrastinação com amparo na lei e com o uso dela para esse objetivo custa ao Poder Judiciário tempo e recursos, e, o mais grave de tudo, isso desmoraliza a justiça. Esses réus privilegiados que conseguem utilizar o processo dessa forma produzem um grau de descrédito da nossa sociedade gerando um prejuízo, esse sim, inominável. O uso abusivo de recursos para não cumprimento da punição penal aumenta o sentimento de injustiça da sociedade brasileira, não se justificando de forma nenhuma.

Existem exemplos famosos de triste lembrança como o do jornalista Pimenta Neves, que praticou homicídio qualificado em 2000 matando a namorada e sua companheira de jornal cujo trânsito em julgado de sua sentença condenatória só se deu 11 anos depois do crime, em 2011. Outro exemplo extremo é o caso do superfaturamento do Fórum Trabalhista de São Paulo, realizado pelo ex-senador Luiz Estevão, que apesar de condenado em 2006 com a interposição de 34 recursos, só teve a execução de sua sentença iniciada em 2016.

Até fevereiro de 2009, o STF tinha firmado posição favorável à constitucionalidade da execução provisória da pena. Caso o acusado fosse condenado em segundo grau, ainda que interpusesse recurso especial ou extraordinário, poder-se-ia iniciar o cumprimento da pena enquanto esses recursos fossem decididos. Esse entendimento mudou radicalmente com o julgamento do *habeas corpus* nº 8.478, de relatoria do ministro Eros Grau, quando o STF firmou posição de que nosso ordenamento jurídico não seria compatível com a execução provisória, numa decisão de sete votos a quatro.

Entretanto, em fevereiro de 2016, a prisão em segunda instância foi autorizada pelo STF no julgamento do HC nº 126.292, de relatoria do ministro Teori Zavascki, numa decisão também de sete votos a quatro e depois confirmada em nova decisão em abril de 2018, dessa vez por seis votos a cinco, sendo relator o ministro Edson Fachin. Em novembro de 2019, na Corte, em nova mudança de entendimento, ao julgar as Ações Declaratórias de Inconstitucionalidade nºs 43, 44 e 54, todas de relatoria do ministro Marco Aurélio, o STF retornou à posição de 2009, decidindo que o cumprimento da pena só poderia ter início após serem exauridas todas as vias recursais. Essas decisões tinham efeito vinculante por terem sido proferidas em sede de ações declaratórias de inconstitucionalidade. Essa ainda é a posição da Suprema Corte quando este texto é escrito.

Nesse momento, começou-se a dividir a Corte Suprema entre juízes tidos por "garantistas" e juízes "legalistas", cujo sentido classificatório é bem confuso e impreciso. Em matéria penal, atualmente, há certo consenso de que a Primeira Turma do STF seria mais legalista, ou seja, com resultados mais rigorosos para os réus, e a Segunda Turma mais garantista, priorizando uma posição mais favorável a quem está sendo julgado. Entretanto, é preciso examinar com clareza quais são os efeitos que essa posição "garantista" gera na sociedade brasileira, uma vez que os grandes beneficiados até agora são réus com capacidade econômica e bons advogados em detrimento de todos os outros com condenação penal que não possuem capacidade econômica para manter a dinâmica infindável de recursos. Em suma, garantem o quê?

Entendemos assim que a melhor posição da Corte foi fixada pelo saudoso ministro Teori Zavascki no *habeas corpus* nº 126.292 — São Paulo, com cujos argumentos nos alinhamos e por isso transcrevemos:

> Realmente, a execução da pena na pendência de recursos de natureza extraordinária não compromete o núcleo essencial do pressuposto de não culpabilidade, na medida em que o acusado foi tratado como inocente no curso de todo processo criminal, observados os direitos e as garantias a ele inerentes, bem como respeitadas as regras probatórias e o modelo acusatório atual. Não é incompatível com a garantia constitucional autorizar a partir daí, ainda que cabíveis ou pendentes de julgamento de recursos extraordinários, a produção dos efeitos próprios da responsabilização criminal reconhecida pelas instâncias ordinárias.

E prossegue em outro trecho:

> Não é diferente no cenário internacional. Como observou a ministra Ellen Gracie quando do julgamento do HC 85.886 (DJ 20/10/2005), "em nenhum país do mundo, depois de observado o duplo grau de jurisdição, a execução de uma condenação fica suspensa, aguardando referendo da Corte Suprema".

Informou também que na maioria dos países civilizados o início do cumprimento da sentença se dá no primeiro grau e majoritariamente em segundo grau, sendo assim nos Estados Unidos, Inglaterra, Canadá, Espanha, Portugal e Argentina.

Uma parte expressiva da corrupção no Brasil deriva do nosso processo político envolvendo eleições e partidos políticos. Isso só se resolve com uma reforma política que sempre adiamos. Num país justo, a lei não pode ir contra a justiça. Um país justo não permite empresas do setor financeiro beneficiando-se de informações privilegiadas, manipulando o mercado de capitais. Um país justo não permite que firmas de auditoria não respondam por laudos criminosos e artificiais para os balanços de seus clientes. Um país justo não suporta que empresas tenham inconsistências contábeis de bilhões e não mais de milhões de reais. Um país justo não permite que os processos de uma classe social sempre prescrevam, enquanto os de outra classe, a majoritária no país, não. Não se deseja nem se quer uma sociedade punitiva, mas não é possível ver as quatro instâncias servindo para afastar o rico das punições, exercitando e exercendo a grande arte de recorrer, e o pobre cumprindo imediatamente sua sentença no sistema prisional. Num país justo o crime não compensa; entre nós ele quase sempre compensa.

No nosso processo político acostumamo-nos a permitir que a corrupção seja parte inerente a ele a ponto de aceitarmos políticos como Adhemar de Barros, para quem a população cunhou a definição "rouba, mas faz", e o reelegeu várias vezes. Outras lideranças políticas com esse mesmo perfil e métodos elegeram-se também diversas vezes. Há hoje no país uma naturalização dos atos de corrupção que faz com que a população em geral reaja a ela com um misto de indiferença e descrença. Os processos do Mensalão e da Lava Jato foram extremamente populares porque ambos alcançaram pela primeira vez empresários e políticos no país. Os crimes de corrupção e do colarinho-branco não são desvios exclusivos dos tristes trópicos porque a corrupção existe em todo o mundo, o problema não é sua persistente existência entre nós; o nosso problema é a impunidade.

A prisão em segunda instância é necessária para que a justiça possa se fazer para pobres e ricos. No Brasil, pobre quando rouba é ladrão; rico quando rouba é cleptomaníaco. Enquanto ambos não participarem de um sistema judicial no mínimo semelhante, enquanto ambos não estiverem expostos a um sistema recursal semelhante, não teremos justiça. A prescrição só existe para o rico. O tempo corre rápido para o pobre enquanto para o rico goteja lentamente. Se não tivermos coragem de adotar uma proposta como a do Cezar Peluso ou uma outra com a mesma eficácia e sentido, simplificando nosso sistema recursal, reduzindo-o aos dois graus essenciais como em todo mundo civilizado, permitindo que as decisões comecem a ser cumpridas após a segunda instância, mas assegurando a todos o direito de ainda assim recorrer, teremos como temos hoje duas justiças: a do pobre e a do rico; a do que tem advogado contratado e a do que tem advogado dativo; a que tem conhecimento para manobrar o Código de Processo e a que não tem; a que tem acesso ao processo eletrônico e a que não tem nem internet.

Devemos lembrar aqui a observação precisa de John Rawls (2000:187) segundo a qual " a distribuição natural não é justa nem injusta; nem é injusto que as pessoas nasçam na sociedade em alguma posição específica. Estes são simplesmente fatos naturais. O que é justo e injusto é a maneira como as instituições lidam com esses fatos".

Quanto à possibilidade da prisão em processos criminais após decisão em segunda instância, o ministro Luís Roberto Barroso sustenta que é possível a prisão antes do trânsito em julgado da decisão penal condenatória, desde que haja ordem escrita e fundamentada da autoridade judiciária competente, como autoriza o artigo 5º, LXI da Constituição de 1988. Entende que esse dispositivo é o que deve prevalecer e não simplesmente o do art. LVII da mesma Carta, como a maioria dos penalistas sustenta.

Estariam assim em confronto os seguintes dispositivos constitucionais:

> Artigo 5º, inciso LVII — ninguém será considerado culpado até o trânsito em julgado de sentença penal condenatória.

> Artigo 5º, inciso LXI — ninguém será preso senão em flagrante delito ou por ordem escrita e fundamentada de autoridade judiciária competente, salvo nos casos de transgressão militar ou crime propriamente militar, definidos em lei.

De acordo com o ministro, a própria Constituição diferencia o regime da culpabilidade e o da prisão e, para ele, após a decisão penal de segundo grau, mesmo estando pendentes e interpostos recursos, desde que exista ordem escrita e fundamentada, o réu pode ser preso, assegurando-se credibilidade ao Judiciário e ao nosso sistema penal. Do ponto de vista teórico faz sentido essa posição, mas ouso divergir do ministro Luis Roberto Barroso que admiro bastante e explico minha divergência.

Ambos os incisos integram um mesmo artigo da nossa Constituição, o famoso artigo 5º, que assegurou o maior rol de direitos individuais de um texto constitucional em vigor no mundo, faltando apenas ter assegurado a todos nós o direito ao prazer e à felicidade. Não há a rigor uma superioridade hierárquica entre eles, ambos estão vigentes e eficazes. A maior parte de nossa jurisprudência penal sobre a prisão em segunda instância está alicerçada na plena vigência do artigo 5º, inciso LVII. Todos os penalistas defendem na teoria e na prática o respeito integral e solene a essa cláusula tida como pétrea e amparam nela suas demandas judiciais, a maior parte delas com pleno êxito. A jurisprudência majoritária é nesse sentido. O ministro sustenta que a própria Constituição diferencia o regime da culpabilidade e o da prisão, permitindo que ela se faça desde que haja uma determinação escrita e fundamentada expedida por autoridade judiciária. Examinando o texto constitucional, concordamos com essa interpretação, uma vez que o próprio STF já a adotou em breves períodos. Ocorre que o mesmo STF mudou também de orientação em julgados posteriores. A maioria dos advogados criminais sustenta que apenas após o trânsito em julgado da sentença penal condenatória isso poderia ocorrer, e como se trata de uma cláusula pétrea, não se permite outra interpretação. Ora, parece claro que a sustentação da prevalência do inciso LXI sobre o LVII é um caminho sobre um campo minado, uma divergência essencialmente gramatical entre dispositivos de igual hierarquia, o que traria mais confronto e judicialização, exatamente o que se pretende reduzir.

Penso que o único caminho seguro para promover essa alteração para que se possa permitir o cumprimento de sentença após o trânsito em julgado da decisão de segundo grau nas condenações criminais com segurança seria por intermédio de uma alteração constitucional promovida pelo Poder Legislativo e não pelo Judiciário. Seria igualmente necessário que o novo texto não deixasse dúvidas, nem tivesse dispositivos conflitantes como os que temos agora e que essa nova redação tivesse um único dispositivo claro regulando a matéria de forma definitiva e insofismável.

Constituição e Poder Constituinte

Não há menor dúvida que o direito foi sempre exercido e usufruído pelo lado socialmente mais forte de qualquer sociedade e isto é verdadeiro ontem e hoje. Autores como Platão, que o denunciava em seus *Diálogos* quando, por exemplo, Trasímaco diz com convicção: "eu sustento que a força é um direito, e que a justiça é o interesse do mais forte". Em *Górgias*, por sua vez, por meio do sofista Cálicles, é dito com clareza que "as leis são invenções dos mais fortes para neutralizar os mais fracos". Spinoza séculos depois também dirá que "cada um tem tantos direitos, segundo o poder que tem". Entretanto, por isso mesmo, paradoxalmente, é pelo mais fraco socialmente que o direito é inventado; uma vez que o mais forte o exerce historicamente, como um direito adquirido sem maior esforço, obrigando o mais fraco a travar sempre um combate para sobreviver que acaba fazendo a sociedade avançar.

O direito é fundamental para todos nós porque é por meio dele que se arbitra o confronto imemorial das classes sociais e sua ausência faria com que o mais forte conseguisse impor sempre sua vontade de maneira arbitrária. No confronto entre o mais forte e o mais fraco, o direito é a única força capaz de mediar esse confronto entre desiguais criando uma solução específica para essa relação conflituosa. O direito moderno surge com esta missão de proteger o mais fraco limitando o exercício secular do poder pelo mais forte, consolidando as liberdades individuais surgidas no Iluminismo conquistadas por intermédio de lutas que foram inseridas nas Constituições deste período que examinaremos a partir de agora.

A análise dessas Constituições e do processo como foram criadas é essencial para compreendermos a formação do mundo moderno. Toda Constituição é, antes de tudo, um conjunto de competências e de princípios informadores da ampla atividade estatal. Poder, direito e política se entrelaçam porque que não existe poder político sem o direito e o direito não se torna positivo sem o poder. Ferdinand Lassale, no seu clássico *O que é uma Constituição*, ensina e esclarece que

> os problemas constitucionais não são problemas de direito, mas do poder; a verdadeira Constituição de um país somente tem por base os fatores reais e efetivos do poder que naquele país reagem, e as Constituições escritas não têm valor nem são duráveis a não ser que exprimam fielmente os fatores do poder que imperam na realidade social [Lassale 2007:117].

O Estado moderno se constrói e consolida nos séculos XV a XVIII com a desmontagem de mil anos do regime medieval durante os quais o titular do poder era sempre o monarca, e para isso foram necessárias transformações radicais que ocorreram nos Estados Unidos e na França. As constituições geradas nesses países foram resultado de movimentos políticos fortes e revolucionários e cada um deles viria a modificar radicalmente a história do Ocidente.

A Revolução Americana teve dois momentos distintos: o primeiro com a Independência em 1776, que resultou na guerra da então Colônia contra a Coroa Britânica, quando foi elaborada a Declaração da Independência, na qual se concluiu e afirmou:

> Quando no curso dos acontecimentos humanos, se torna necessário a um povo dissolver os laços políticos que o ligavam a outro e assumir, entre os Poderes da Terra, posição igual e separada, a que lhe dão direito as leis da natureza e as de Deus da natureza, o respeito digno para com as opiniões dos homens exige que se declarem as causas que os levam a essa separação. Consideramos estas verdades como evidentes por si mesmas, que todos os homens são criados iguais, dotados pelo Criador de certos direitos inalienáveis, que entre eles estão a vida, a liberdade e a procura da felicidade. Que a fim de assegurar esses direitos, governos são instituídos entre os homens, derivando seus justos poderes do consentimento dos governados [...].

Depois, com a Guerra da Independência que durou alguns anos, iniciou-se a elaboração da Constituição e sua posterior aprovação. Foi criada uma Comissão que redigiu seu esboço com participação destacada de John Adams, Benjamin Franklin, Thomas Jefferson, Roger Sherman, Robert Livingstone. Jefferson, como era advogado, teve papel preponderante, tendo sido o principal redator da Constituição da Virgínia, uma das colônias mais importantes que definiria os conceitos que integrariam depois a Declaração da Independência dos Estados Unidos, de 4 de julho de 1776, subscrita na ocasião por 13 estados norte-americanos.

Em 1777, diversos estados continuaram a buscar a melhor redação para essa Constituição. Firmam então os Articles of Confederation and Perpetual Union, ou Artigos da Confederação, com essas mesmas 13 colônias, que ainda era um documento transitório com o objetivo de reger as relações entre os estados e tentar fortalecer a União, uma vez que o esforço de guerra havia exaurido a economia do novo país mantendo, entretanto, a autonomia e completa soberania de cada estado, salvo no que fosse de competência exclusiva da União. Ficou estabelecido também que todo estado teria um voto com igualdade na Confederação. Era preciso, no entanto, aprofundar essa estrutura, o que seria feito pouco depois. Em 1787, os estados voltaram a se reunir também na Filadélfia e, finalmente, aprovaram a Constituição, antes portanto de George Washington tomar posse como primeiro presidente dos Estados Unidos, em 1789, em Nova York.

Forma-se assim a primeira república moderna. Desde sua criação, sucederam-se dezenas de eleições presidenciais sem qualquer rompimento institucional e construiu-se o regime democrático com maior estabilidade no nosso mundo ocidental. O texto constitucional de 1787 possui apenas sete artigos e foi objeto, ao longo de sua existência, de apenas 27 emendas, das quais 10 delas aprovadas pouco depois em 1791 no Bill of Rights, sendo tratado como um imperativo categórico, um objeto de devoção nacional, obrigando a Suprema Corte Americana a extrair dele sempre novas interpretações sem que passe na cabeça de nenhum cidadão norte-americano propor uma nova redação a ele, porque entendem todos que ele ajudou na construção da nação e do sonho americano.

O extraordinário juiz da Suprema Corte americana, Oliver Wendel Holmes Jr., o mais original de sua geração, que durante muitos anos foi voto vencido na Corte e que é hoje o mais citado, reverenciado e estudado pelos alunos das universidades de direito, afirmou: "Os constituintes criaram uma nação; não um documento". Nós até hoje criamos apenas documentos constitucionais de curta duração...

Do outro lado do Atlântico, na Europa, o abade Emmanuel Sieyès publicou um pequeno panfleto intitulado *Que é o Terceiro Estado?*, que foi um manifesto e estopim para a revolta da burguesia na sua luta contra o privilégio e o absolutismo do regime francês. Para ele, a nação ou o povo identificavam-se com o Terceiro Estado representado pela burguesia que exercia toda atividade econômica do país na indústria, no comércio, na agricultura e nas profissões liberais, mas que recebia apenas cerca de 20% do que era transferido para a nobreza e o clero. A burguesia suportava a sociedade francesa com seu trabalho, enquanto a nobreza participava apenas por seu privilégio sanguíneo e a igreja com preces, mas ambas ficavam com a parte maior de toda a riqueza produzida. O panfleto começava com uma passagem simples e provocadora: "Que é o Terceiro Estado? Tudo. Que tem sido até hoje na nossa forma de governo? Nada. Que ele quer? Ser alguma coisa". Uma abertura maravilhosa. Numa Europa de pouca leitura, o panfleto virou um *best-seller*.

Em 1789, é votada e proclamada "A Declaração dos direitos do homem e do cidadão", na qual o conceito de "povo" é substituído por um mais amplo de "nação", e que nasce também pelo poder constituinte originário fruto de uma efetiva revolução. Esse texto incorporaria algumas conquistas da constituição americana, ampliando, entretanto, seu espectro e seu sentido num continente impregnado de história. O mundo feudal de mais de mil anos é sepultado, a soberania e o poder não têm mais origem no monarca, nem nos estamentos privilegiados, mas antes no povo, e existia um documento jurídico assegurando esses direitos fundamentais que em seu artigo 1º declarava de forma solene: "Todos os seres humanos nascem livres e iguais em dignidade e direitos".

A constituição americana e a constituição francesa são ambas manifestações do Poder Constituinte revolucionário do século XVIII, resultantes de insurreições nacionais no curso histórico do Iluminismo que realizaram uma transformação copernicana nas relações entre governantes e governados, transformando o mundo ocidental.

Séculos depois, a Constituição de Weimar de 1919 seria decorrência e resultado de uma Constituinte convocada e não fruto de um processo revolucionário. Ela teve a colaboração direta e pessoal de vários autores de direito público, como Max Weber, Hans Kelsen, Carl Schmitt, e a adesão de intelectuais de toda a Europa. Surge de uma Alemanha ferida pela derrota na Primeira Guerra Mundial e transforma o país na primeira democracia parlamentarista do continente, servindo de fonte inspiradora para vários outros países na criação de seus direitos sociais e influenciando a nossa Constituição de 1934. Em decorrência dela, foram também tomadas diversas decisões fundamentais para a Alemanha que estão presentes no país até hoje, como a escolha da República no lugar da monarquia, a forma federal do Reich e a opção por um modelo parlamentar na legislação, como no sistema de governo, sendo por isso mesmo a primeira nação parlamentarista da Europa.

Como vimos, o Poder Constituinte deriva do povo e só ele legitima qualquer Constituição. A maioria das leis necessita apenas de legalidade para existir, mas a Constituição necessita também de legitimidade. Todas as duas são um atributo do poder, mas enquanto a legalidade é um requisito do seu exercício, a legitimidade é um requisito da sua qualidade em interpretar a nação. Somente as nações têm o direito e a capacidade de fazer uma Constituinte. Podemos assim entender que esse poder constituinte, não encontrando elementos no direito positivo da França no antigo regime totalmente perverso e injusto, vai por meio de uma figura como Sieyès buscar no direito natural fundamento filosófico e encontra nele um direito superior à legislação em vigor, que permite ao povo francês autoconstituir-se e assim revolucionar a ordem jurídica.

Norberto Bobbio explica com clareza a distinção entre uma e outra:

> Embora nem sempre se faça distinção, no uso comum e muitas vezes até no uso técnico, entre legalidade e legitimidade, costuma-se falar em legalidade quando se trata do exercício do poder e em legitimidade quando se trata de sua qualidade legal; o poder legítimo é um poder cuja titulação se encontra alicerçada juridicamente; o poder legal é um poder que está sendo exercido de conformidade com as leis [Bobbio, 1989:60].

Celso Ribeiro Bastos também sustenta que:

> Dos atos jurídicos cobra-se legalidade. Devem eles estar de acordo com o preceituado formalmente e, se for o caso, materialmente em nível hierárquico superior.
> Das Constituições por seu turno é cobrada legitimidade, que vem a ser a maior ou menor correspondência entre os valores e as aspirações de um povo e o constante da existente Constituição.
> Constata-se assim que a Constituição não se contenta com a legalidade, requerendo uma dimensão mais profunda, a única que a torna intrinsecamente válida. Assim sendo uma Constituição não representa uma simples positivação do poder. É também uma positivação de valores jurídicos [Bastos, 1995:19-20].

O poder constituinte pode ser originário ou genuíno quando tem caráter inicial e produz um novo ordenamento jurídico, criando uma ordem jurídica nova por meio de uma primeira Constituição ou mediante a ruptura da ordem anterior e a implantação revolucionária de uma nova ordem. Pode ser derivado ou constituído quando surge de uma reforma normal que obedeceu a um procedimento que esta mesma Constituição estabeleceu, sendo assim um desdobramento da existência jurídica do Estado. Este poder reformador só modifica a Constituição sem criar uma nova, enquanto o poder constituinte originário, por sua vez, cria uma ordem jurídica nova.

Há assim uma distinção clara entre o Poder Constituinte, que é função sempre transitória, e sua Constituição, que é o resultado final do exercício desse poder. Uma nação, entretando, não pode ficar aprisionada à Constituição por ela criada e tem o direito de mudar se assim desejar e necessitar porque seu poder constituinte permanece vivo à sua disposição e pode ser acordado. Toda sociedade tem o legítimo direito de querer mudar; não está para sempre submetida à Constituição que ela mesma criou e assim pode modificá-la. As Constituições continuam vigorando enquanto atendam as necessidades básicas e fundamentais da sociedade. Entretanto, o Poder Constituinte mantém-se junto à população como se estivesse hibernando numa mistura de sono e vigília, mas pronto para ser despertado se for necessário e se for convocado. Assim, uma nação é sempre capaz de reformar sua constituição se desejar e se as condições políticas e sociais do país o exigirem e permitirem.

A superveniência de uma nova Constituição por meio do poder constituinte originário altera a ordem jurídica existente, apagando o texto anterior e inscrevendo novas regras em decorrência do seu caráter inicial e originário de norma superior e geradora de toda ordem jurídica e de sua própria validade. No caso do poder constituinte derivado, coloca-se uma nova ordem no lugar da ordem constitucional anterior, mas não se revoga a validade das normas infraconstitucionais que forem compatíveis com o novo texto. Esse é o conhecido fenômeno da recepção jurídica. O direito como um todo evita lacunas, não permite espaços vazios. A nova ordem recebe, recepciona a ordem anterior existente aceitando as normas infraconstitucionais que não conflitem com ela, mas, de outro lado, revoga todas as regras que materialmente conflitem com ela. Quando a alteração é parcial, não há recepção, por assim dizer, de uma nova ordem, mas apenas a substituição do direito constitucional em pontos particulares alterados e todo o texto anterior sobrevive modificado apenas nesses pontos em que foi emendado.

Temos hoje o reconhecimento na doutrina de um outro tipo de Poder Constituinte originário muito frequente na América Latina e que por essa razão nos interessa de perto, que foi muito bem resumido por Jorge Reinaldo Vanossi nos sequintes termos:

> Entretanto a experiência indica que existe um Poder Constituinte Revolucionário, que, prescindindo do tema de sua legitimidade, que mais tarde analisaremos, possui obviamente caráter de Poder Constituinte, porque altera profundamente a estrutura dos órgãos do Poder ou as relações entre o Poder e a Sociedade. Esse Poder Constituinte revolucionário tem em comum com o originário, o fato de não se ajustar com a legalidade preexistente, com a única diferença de que, enquanto o Poder Constituinte Revolucionário não reconhece uma legalidade constitucional preexistente, porque a derrubou e a destruiu e, portanto, lhe desconhece qualquer virtualidade jurídica. De modo que esse Poder Constituinte Revolucionário é o que é geralmente assumido e exercido nas instâncias denominadas de fato ou revolucionária, golpista ou qualquer outra denominação que se se utilizam em nossos países da América Latina [Vanossi, 1975:137].

Um bom exemplo deste tipo de Poder Constituinte pode ser encontrado entre nós no Ato Institucional nº 1, de 11 de abril de 1964, que teve como redator o lendário jurista Francisco Campos, conhecido pelos íntimos como "Chico Ciência", responsável por parte expressiva da legislação autocrática do governo Getúlio Vargas. Vejam sua maneira de expor, definir e justificar o ato:

> A revolução se distingue de outros movimentos armados pelo fato de que nela se traduz não o interesse de um grupo, mas o interesse e a vontade da Nação.
>
> A revolução vitoriosa se investe no exercício do Poder Constitucional. Este se manifesta pela eleição popular ou pela revolução. Esta é a forma de poder mais expressiva e radical do Poder Constituinte. Assim, a revolução vitoriosa, como o Poder Constituinte, se legitima por si mesma [Ato Institucional nº 1, de 11 abr. 1964].

A experiência mais recente da nossa Constituição de 1988 é um bom exemplo do que não se deve fazer, do caminho que se deve evitar caso se deseje reformá-la. A Assembleia Constituinte foi convocada em 1987 pelo Congresso Nacional e começou sem um projeto desenhado, criando 24 subcomissões com a incumbência de elaborar essa nova Constituição. Esse trabalho na fase subsequente foi examinado por outras oito comissões temáticas que elaboraram os anteprojetos submetidos à Comissão de Sistematização. Para cada um desses setores essenciais da vida econômica, as empresas enviaram advogados e funcionários que ficaram morando em Brasília para proteger, blindar os interesses antagônicos que pudessem surgir e lutar por uma redação amigável para seu setor específico no futuro texto constitucional. Isso ajuda a explicar a origem de um texto tão extenso, sem concisão e que deu moldura constitucional a diversos aspectos que não deveriam ter sido incluídos numa Constituição, criando compromissos econômicos sem qualquer preocupação de onde viria seu financiamento permanente.

A Constituinte de 1987/88 de certa maneira institucionalizou os grupos de pressão e os grupos de interesses de forma evidente. Para alguns autores, essa distinção entre ambos é semântica e transitória. Os grupos de pressão seriam assim derivados dos grupos de interesses que podem ou não se transformar eles mesmos em grupos de pressão. Um especialista no tema, Said Farhat, sustenta que "a diferença entre os dois grupos pode ser transitória. Pode ocorrer uma mudança de postura dos grupos de interesses, passando a atuar ativamente e politicamente em defesa de suas ideias. E a partir desse momento deixam de ser grupos de interesses e passam a ser de pressão" (Farah, 2007:58). Nessa Constituinte, o *lobby* se fez muito presente, apesar de esses grupos recusarem veementemente isso, uma vez que, na nossa experiência política, a palavra *lobby* entre nós tem um sentido altamente pejorativo (Meyer-Pflug, 2009:16).

Um exemplo concreto de grupo de pressão extremamente poderoso e bem-sucedido entre nós é o que defende e administra a Zona Franca de Manaus. Incentivos fiscais são sempre concedidos por prazos determinados normalmente por cinco anos, que é o prazo prescricional tradicional comum a todos os impostos. Assim, causa surpresa e perplexidade que a Constituição de 1988 tenha aprovado uma norma isentiva de amplo espectro e consequências por um prazo tão longo como o da Zona Franca, como ficou assegurado nas Disposições Constitucionais Transitórias nos sequintes termos: "Art.40. É mantida a Zona Franca de Manaus, com suas características de área de livre comércio, de exportação e importação, e de incentivos fiscais, pelo prazo de vinte e cinco anos, a partir da promulgação da Constituição".

Por isso mesmo, há anos se constata a necessidade de reduzir o peso desse privilégio tributário concentrado que junto com o regime especial do Simples Nacional custou no ano de 2023 cerca de R$ 456 bilhões à União Federal, o equivalente a 4,2% do PIB brasileiro. Não se discute atualmente se a Zona Franca deveria ter sido criada ou não, essa discussão hoje é acaciana, como não mais se discute a decisão de transferir a capital para Brasília. No caso de Brasília, o que se pretendia na época era incentivar que o país desenvolvesse seu interior e não ficasse confinado à franja litorânea como ainda se mantinha até aquele momento. No caso da Zona Franca, se desejava também criar no interior na Amazônia um centro industrial, comercial e agropecuário dotado de condições econômicas que permitissem seu desenvolvimento, em função dos fatores locais e da grande distância que a região se encontrava dos centros consumidores de seus produtos. O que mais se questiona hoje é o alto custo para o país da Zona Franca, muito superior ao benefício financeiro que ela proporciona, e porque é igualmente importante e talvez mais estratégico atualmente preservar a maior floresta tropical do planeta que está sendo destruída predatoriamente do que propriamente a Zona Franca já consolidada e fiscalmente tão cara.

Além disso, seu custo financeiro não terminará tão cedo, uma vez que pela Emenda Constitucional nº 83/2014 prorrogou-se a duração da Zona Franca de Manaus até 2073 nos termos do Artigo 92-A: "São acrescidos 50 (cinquenta) anos ao prazo fixado pelo artigo 92 deste Ato das Disposições Constitucionais Transitórias". É inacreditável que se tenha incluído uma disposição dessa natureza num texto constitucional que já havia concedido um benefício fiscal injustificável e que agora se estende de forma aterrorizante.

Caso a sociedade brasileira decida em algum momento reformar a Constituição vigente, o que parece oportuno e necessário, entendemos que um projeto básico elaborado por um grupo pequeno e qualificado de juristas será mais eficiente e estará mais protegido de pressão externa do que várias comissões sem um texto prévio, como aconteceu na última Constituinte. Esse projeto seria depois amplamente debatido pela sociedade e pelos parlamentares no Congresso Nacional, a quem cabe o poder efetivo de aprová-lo e legitimá-lo, e, se for o caso, convocar depois um plebiscito para referendá-lo, com o que se estará reunindo legalidade e legitimidade.

A reforma política

Temos no mundo ocidental fundamentalmente dois sistemas políticos e duas forma de governo: o presidencial e a parlamentar. No presidencialismo há uma separação clara entre o poder de governo e o poder de fazer leis, que tem origem na eleição direta do presidente da república que acumula assim a chefia do governo, mas tem sua responsabilidade limitada aos integrantes do seu governo e não perante o parlamento. No parlamentarismo, por seu turno, há uma grande distinção entre o chefe do Estado e o chefe do governo que tem fundamento na sua eleição indireta por parte do parlamento, dependendo assim do voto de confiança ou de desconfiança desse mesmo parlamento para permanecer no poder.

O sistema presidencialista foi concebido ainda no período de elaboração da Constituição dos EUA quando era impossível e inviável a realização de uma votação popular nacional para a escolha de presidente em função do tamanho do país, das dificuldades de comunicação e de organização existentes. Assim, na famosa Convenção da Filadélfia de 1788, de forma racional optou-se por um sistema de votação indireta em todos os estados. Os eleitores americanos votam nos 50 estados e na capital Washington de forma indireta, elegendo um dos 538 delegados que compõem o colégio eleitoral americano. Cada estado contribui com um número de delegados decorrentes da soma de seus deputados e seus senadores no Congresso, salvo a capital que não elege senadores, mas apenas três delegados. Elege-se o candidato que conseguir primeiro ter 270 delegados, o equivalente à metade dos 538 delegados mais um.

Os Estados Unidos são o exemplo mais bem-sucedido de presidencialismo no mundo ocidental. O fato é que não houve, mesmo durante a guerra civil, nenhuma ruptura no processo político, assumindo sempre o presidente eleito numa alternância contínua entre candidatos republicanos e democratas, sem golpe de Estado. Mesmo assim, recentemente, os Estados Unidos passaram a se defrontar com um problema novo que é o confronto entre voto popular e voto distrital que nunca havia ocorrido no histórico das eleições americanas, uma vez que o candidato que ganhava as eleições sempre vencia tanto num como no outro. Recentemente, em duas eleições isso não ocorreu. Na eleição de 2000, o candidato democrata Al Gore teve mais votos populares que G. W. Bush, que venceu no voto distrital por uma margem ínfima de 537 votos na Flórida. Coincidentemente, o governador da Flórida era irmão do candidato republicano. O resultado foi levado à Suprema Corte, que autorizou um longo processo de recontagem de votos que acabou não terminando porque foi interrompido por uma decisão dessa mesma Suprema Corte dando vitória a Bush. Essa decisão até hoje nebulosa foi aceita com serenidade por Al Gore e o processo de transição iniciou-se sob o comando do então presidente Bill Clinton.[9]

Anos depois, esse fenômeno repetiu-se de outra maneira, em 2016, quando Hillary Clinton venceu no voto popular com mais de 3 milhões de votos de vantagem sobre seu adversário Donald Trump que, entretanto, venceu no Colégio Eleitoral e assim foi sagrado presidente. Hillary Clinton também aceitou o resultado sem questionar a lisura do processo eleitoral, até porque a vitória no Colégio Eleitoral prevalece sobre o voto popular desde a formação do país, mas esse descasamento entre um e outro é um fenômeno novo que tem incomodado os americanos.

A situação ficou igualmente nebulosa na última eleição em 2020 quando o candidato democrata Joe Biden teve 51,3% dos votos válidos e 306 dos delegados do Colégio Eleitoral e mesmo assim seu adversário questionou a lisura e a correção do processo eleitoral. Apesar de derrotado em todos os dois critérios, Donald Trump questionou, impugnou e demandou em juízo criando um ambiente de animosidade

---

[9] Bush *vs.* Gore, 531.98 (2000).

injustificável num país conhecido por possuir um processo democrático testado, comprovado e admirado por todos, o que demonstra como as democracias estão ameaçadas em todo o mundo.

Se examinarmos a trajetória da maior parte dos países das Américas do Sul e Central que são todos presidencialistas, veremos como a cronologia dos golpes de Estado é uma constante e como até hoje seus partidos políticos são transitórios e a população mantém clara preferência em eleger líderes carismáticos, populistas, desvinculados dos partidos até porque se sobrepõem a eles. Qualquer brasileiro sensato sabe que, se não modificarmos esse sistema político, estaremos sempre trocando seis por meia dúzia. Como "a democracia é a pior de todas as formas de governo, com exceção de todas as demais que têm sido experimentadas", na célebre frase de Churchill, temos que lutar por ela. Desqualificar nosso Congresso Nacional não nos levará a nada ou, pior, pode nos levar a tudo.

Novamente a famosa pergunta: o que fazer? Neste momento, pouco. Temos a consciência de que apenas com uma reforma ampla que estabeleça a fidelidade partidária, estruture o financiamento público e privado das campanhas e defina o voto distrital misto é que poderemos avançar. No nosso sistema de voto proporcional e lista aberta, mais de 90% dos deputados são eleitos com o voto da legenda e assim o eleitor não sabe em quem votou e o parlamentar não sabe tampouco quem votou nele. Um candidato com muitos recursos financeiros, por exemplo, no Rio de Janeiro, pode ser eleito por Seropédica, onde só foi uma vez. Outra medida seria adotar o sistema de voto distrital misto pelo qual todo eleitor exerce dois votos: um no seu distrito e outro no partido de sua predileção; quando o eleitor vota na legenda, vota no partido e não num candidato específico. Já o voto majoritário resulta de uma escolha mais precisa, individual. O voto distrital misto é uma combinação do voto proporcional e do voto majoritário. Os eleitores têm dois votos: um para candidatos no distrito e outro para as legendas ou partidos. Os votos em legenda num sistema proporcional são computados em todo o estado ou município, conforme o quociente eleitoral que é resultado do total de cadeiras divididas pelo total de votos válidos. Já os votos majoritários são destinados a candidatos do distrito escolhidos pelos partidos políticos, vencendo o mais votado. Com o voto distrital misto o eleitor sabe em quem votou, podendo cobrar depois deles, e os candidatos eleitos sabem a quem devem prestar contas.

A situação se complicou mais quando o STF declarou inconstitucional a cláusula de barreira criada pela Lei nº 9.096/1995, que restringia a atuação de parlamentar de partidos políticos que não preenchessem patamares mínimos de votação em diferentes estados. O Plenário do STF decidiu a matéria e, após essa decisão, multiplicou-se a quantidade de partidos que até aquela ocasião estava relativamente controlada. Na última eleição, tivemos 32 partidos participando do processo político. Ainda que os demais países da América Latina também possuam uma quantidade relativamente elevada de partidos políticos, encontramos por exemplo a Argentina com 19 e o Chile com 16. Quando comparamos com os países mais desenvolvidos, nos deparamos com uma quantidade significativamente menor com a Itália com 15, a Suíça com 11, Portugal com 10, França com nove, Alemanha com sete, Japão com seis e os Estados Unidos com dois. A maioria dos nossos eleitores não se lembra em quem votou e muito menos a qual partido pertencia o político em quem votou na última eleição. Por isso é inquestionável a importância dos partidos políticos na formação de quadros políticos que compõem e estruturam a vida pública em todos os países e nas principais democracias, sejam elas presidencialistas ou parlamentaristas. Não há sistema político que resista a essa poligamia partidária, não pode dar certo, como não tem dado entre nós.

Uma providência importante seria a introdução em nosso sistema político do instituto do *recall*. O roteiro é simples: basta votar e aprovar o projeto de lei já existente no Congresso Nacional que institui mecanismos de democracia participativa, possibilitando a revogação do mandato eletivo de políticos e o veto de projetos aprovados por parlamentares. O direito de revogação popular, também conhecido como *recall*, é uma espécie de arrependimento popular que permite em situações especiais a revogação do mandato de representantes que frustram seus eleitores por incompetência, corrupção ou traição. Ele possibilita que um número expressivo de eleitores com fundamentos sólidos possa retirar o mandato do parlamentar que eles mesmos elegeram. O *recall* impõe ao eleito uma responsabilidade com quem o elegeu. O parlamentar sério, que honra seu mandato, não tem o que temer; se teme, não merece estar no Congresso Nacional, nem deveria estar na vida pública.

Já o veto popular legislativo é a faculdade que permite à população manifestar-se contra uma lei aprovada, mas não ainda vigente, que pareça a todos ser sem sentido. Ele tem três momentos distintos: quando o órgão legislativo aprova essa lei que não entrou em vigor ainda, depois quando a população solicita que ela seja submetida a sua manifestação e por fim se a população majoritariamente a rejeita e a lei assim não entra em vigor. Muitas obras inúteis e equivocadas poderiam assim ser bloqueadas antes de consumirem recursos públicos e muita coisa ruim e dispendiosa poderia ser evitada antes de ser implantada. Não acredito que prospere no Brasil, mas penso que ter conhecimento destes mecanismos de democracia participativa acompanhando a evolução legislativa mundial é fundamental.

Em passado recente, a reeleição do presidente da República era proibida e nem mesmo prevista na maioria das Constituições dos países das Américas do Sul e Central. Nesses países sempre foram constantes as interrupções da vida política com um número elevado de golpes e revoluções de Estado comandadas pelo poder militar. O exército funcionava como um verdadeiro partido político de plantão, pronto para assumir o poder. Por isso, Gabriel García Márquez inicia um dos capítulos do seu inigualável *Cem anos de solidão* assim: "O coronel Aureliano Buendía promoveu trinta e sete revoluções armadas e perdeu todas".

A nossa Constituição de 1946, considerada por muitos uma das nossas melhores, surgiu com a derrubada do Estado Novo e recolocou o país na vida democrática; em relação à presidência da República, definiu o seu mandato em cinco anos, sem direito à reeleição. Essa barreira constitucional na América Latina foi mantida por décadas e só veio a ser rompida na década de 1990, quando Alberto Fujimori alterou a Constituição do Peru em 1993 e, em seguida, Carlos Menem mudou a da Argentina. Em 1998, o Brasil, na presidência de Fernando Henrique, alterou as regras do jogo e ele se reelegeu. Recentemente, ele próprio admitiu publicamente em artigo ter sido um erro. Hoje temos reeleição em diversos países da região e em alguns como a Venezuela não há limites para pleitear novos mandatos.[10]

Infelizmente, não podemos ter esperança de implantar o parlamentarismo no Brasil. Tivemos duas experiências rápidas. A primeira com a Constituição de 1824, de forte inspiração no regime inglês, com o imperador exercendo o Poder Moderador e comandando o Executivo juntamente com seus ministros de Estado. A outra experiência parlamentarista durou de 1961 a 1963 no governo João Goulart, que foi afastado do poder com o golpe militar de 1964. O presidencialismo não possui soluções confortáveis para suas crises, o parlamentarismo as tem, mas a América Latina continua a insistir no presidencialismo e isso não se modificará. Numa crise, o presidencialismo só permite que um país se liberte de um presidente fraco, sem projeto e sem apoio popular, por um doloroso processo de *impeachment*. Nos últimos 30 anos já tivemos dois. Infelizmente, creio que um projeto para implantar a monarquia no Brasil talvez tivesse maior aprovação popular do que tentar aprovar o parlamentarismo entre nós...

Na Nova República que implantou a reeleição, a sociedade brasileira já vivenciou e comprovou também que todos os segundos mandatos presidenciais foram piores que os primeiros desses mesmos presidentes. O exame do conjunto dos países das Américas nos levará a conclusões semelhantes, e ainda que a reeleição não possua apenas defeitos e tenha algumas virtudes, seus defeitos são muito superiores às suas virtudes e

---

[10] Fernando Henrique Cardoso, em artigo no jornal *O Estado de S. Paulo* de 6 de setembro de 2002, ou seja, 23 anos depois de sua reeleição, reconheceu que a aprovação da Emenda Constitucional nº 16 que possibilitou a reeleição para todos que ocupavam cargos no Poder Executivo tinha sido um erro.

acabar com ela seria uma forma rápida de iniciar uma reforma política no Brasil. Seria certamente necessário prolongar o mandato presidencial de quatro para cinco anos para viabilizá-la e obrigatório também alinhar os mandatos dos governadores, senadores e deputados para que o sistema ficasse harmônico. Quem sabe, com essa mudança, o país pudesse inspirar revisão semelhante em outros países da América Latina e com isso o continente como um todo se beneficiaria (Kikuchi D'Avola, 2018).

Conclusão

Este ensaio termina com um aparente paradoxo. Pode o processo prejudicar a realização da justiça? Pessoalmente, creio que nesse momento no Brasil, sim. O processo, como vimos, é resultado de uma lenta evolução civilizatória que permitiu que se apurasse a verdade nos conflitos humanos num confronto que obedece a estágios definidos em lei conhecidos pelos dois lados, autor e réu. Ocorre que ele está sendo usado no Brasil para prolongar esse conflito sem resolvê-lo, fazendo com que o rito processual prevaleça sobre a solução do conflito, que é o que se pretende atingir. O processo é o meio; a justiça é o fim. A partir de um determinado momento, de um determinado estágio do processo, o magistrado já formou uma convicção, uma noção clara do que deve prevalecer naquele caso e prolata sua sentença, mas ainda assim entre nós o processo não termina, porque haverá sempre um recurso. Dessa forma, o processo, mesmo sendo o meio civilizatório de se fazer justiça, acaba não permitindo que ela se realize num prazo razoável e aceitável para os autores das demandas, que buscam justiça e solução de seus problemas, e acaba perpetuando o sentimento de vivermos numa sociedade injusta.

O quádruplo grau de jurisdição que vigora no Brasil faz com que os processos não acabem na segunda instância, como ocorre na maioria dos países, uma vez que nela se exerceu o duplo grau num julgamento singular em primeiro grau e outro por um colegiado no segundo, porque os processos entre nós são levados aos terceiro e quarto graus, numa anomalia processual que só existe entre nós. Os processos sobem todos ao STJ e ao STF, mesmo que sejam sob a forma de agravo, e a justiça fica suspensa, grito parado no ar. Por que o próprio Judiciário não decide abrir mão desse podre poder de ter esses processos no fundo já decididos em suas mãos que se eternizam sem razão e não escolhe ser admirado e respeitado por realizar a justiça de forma mais célere?

Seria fundamental que o próprio STF reduzisse sua competência recursal diminuindo o número de casos que possam ser por ele julgados. Para que se tenha uma dimensão quantitativa e matemática do problema, no ano de 2023, foram tomadas 101.970 decisões, sendo 17.320 colegiadas (Plenário e Turmas) e 84.650 individuais. O STF recebeu 78.242 novos processos, dos quais 23.546 começaram no próprio Tribunal, e 54.696 foram recursos contra decisões de outras instâncias.

Como parâmetro comparativo, a Suprema Corte Americana julga em média 100 processos por ano, a alemã, que é composta por 16 juízes, julga 6.200, a italiana, 300 e a francesa, 200. Essa desproporção indica uma anomalia para um tribunal que tem poderes e atribuições de corte constitucional, de juízo instrutório de instância única de alguns processos e de última instância para todos aqueles que possuem advogados. Normalmente, menos é mais. Todos esses países citados talvez permitam pouco acesso ao seu último grau de justiça, mas nós certamente permitimos acessos em demasia...

O STF, não aceitando agir fundamentalmente como corte constitucional, acaba permitindo que toda sorte de recursos seja a ele endereçada pelas demais instâncias. Na ânsia de ter sempre maior poder, sem perceber o avilta. Por isso é mais que oportuno lembrar do lúcido desabafo do ministro Sidney Sanches na qualidade de relator do Inquérito 687-QO:

> E a Corte já está praticamente se inviabilizando com o exercício das competências que realmente tem expressas na Constituição [...] É de perguntar então: deve o Supremo Tribunal Federal continuar dando interpretação ampliativa às suas competências, quando nem pela interpretação estrita tem conseguido exercitá-las a tempo e a hora.[11]

[11] Voto do ministro Sydney Sanches, relator do Inquérito 687-QQ, no cancelamento da Súmula 394 pelo STF.

É importante, diria até fundamental, que o STF também voltasse a decidir prioritariamente como órgão colegiado, como prevê a Constituição. As estatísticas atuais mostram que suas decisões são na maioria monocráticas, ou seja, de um só ministro, o que é uma distorção. Além disso, como as decisões das duas Turmas frequentemente não são harmônicas, torna-se difícil para a sociedade entender qual decisão da Suprema Corte prevalece. O STF foi fundamental na proteção da democracia durante o governo do presidente Bolsonaro, sendo também essencial durante a pandemia, colocando-se ao lado da ciência, enfrentando o negacionismo científico e assim salvando milhares de vidas, mas como teve que ocupar áreas e espaços que não eram propriamente seus, agindo como um freio e contrapeso de todo o nosso sistema de justiça, vem pagando um alto preço por essa defesa, fato que se percebe nas ruas. Todavia é preciso reconhecer que o governo Bolsonaro foi extremamente eficiente em desgastar o STF junto à opinião pública.

O STF é formado por membros que não foram eleitos pelo voto popular, mas que ainda assim possuem uma atuação contramajoritária capaz de invalidar atos de membros do Congresso Nacional composto por parlamentares todos eleitos pelo povo, mas apesar de todo esse poder o Supremo precisa também de apoio da sociedade e da imprensa, o que parece agora estar esquecendo.

Uma definição prévia e anual do número de recursos que seriam aceitos para repercussão geral pelo próprio STF traria mais segurança à sociedade e permitiria que com essa definição prévia fossem selecionados os mais significativos de cada tema apresentados à Corte que poderia assim ter suas decisões melhor debatidas por seus membros e também mais compreendidas pela própria sociedade.

Temos uma taxa crescente de judicialização com um número gigantesco de recursos nos tribunais dos diferentes estados da nossa Federação, com magistrados se posicionando de forma frequentemente antagônica sobre as mesmas questões. Nunca é demais lembrar que temos no país 27 Tribunais de Justiça, 27 Tribunais Regionais Eleitorais, 24 Tribunais Regionais do Trabalho e cinco Tribunais Regionais Federais.

A despeito de todo esforço do STJ e do STF em organizar a nossa jurisprudência, frequentemente os juízes de primeiro e de segundo graus permitem que recursos contrários a essas matérias já decididas e sumuladas possam ser alçados às instâncias superiores. Em diversas oportunidades, quando o fisco perde uma questão, ele interpõe recursos em relação a matérias já vencidas com decisões do STJ e do STF. Em muitas oportunidades como advogado, solicitei que se aplicassem multas por litigância de má-fé previstas na legislação em processos com essas características na área fiscal, mas nunca as vi aplicadas, tornando assim a regra jurídica inócua.

A prática da recorribilidade e o sentimento cristalizado de que os diversos graus recursais existem para serem exercidos, mesmo em se tratando de matérias vencidas, são maiores do que a obediência ao que já está pacificado. Não há respeito à hierarquia judiciária; não existe colaboração nesse ponto. O STF implementou o instituto da repercussão geral que reduziu gigantescamente os recursos, mas a litigância não diminuiu; ela está incrustada na alma profunda da nossa justiça e precisa ser expulsa. O Poder Judiciário precisa exercer seu poder disciplinar impondo sanções concretas de natureza pessoal, funcional ou mesmo financeiras para coibir esse desrespeito à jurisprudência, que está sendo construída com esforço enorme por todos os tribunais superiores, não podendo delegar a ninguém essa tarefa que lhe pertence.

O que permitimos hoje no Brasil é um contrassenso comparado ao que é praticado em todos e por todos os demais países civilizados, onde os processos demoram também um tempo sempre expressivo, mas se resolvem. Adotando-se entre nós, como nesses países, apenas o duplo grau de jurisdição, não há razão para que a justiça não se faça, esse é o ponto central. Os processos podem até seguir para as instâncias superiores, mas os efeitos imediatos das decisões de segundo grau deveriam já ser cumpridos e exercidos. Simples assim.

Posfácio

Por todo o exposto, parece oportuno reunir algumas conclusões a que se chegou no presente ensaio que permitem sua consulta rápida por quem leu o livro e deseja rever esses pontos e por quem não o leu, mas deseja ver se o assunto lhe interessa.

1) No Brasil, o direito processual deixou de ser meio para se apurar a verdade e fazer justiça para transformar-se num fim em si mesmo que mantém uma máquina processual cara e ineficiente. No sistema de repartição de poderes que caracteriza todas as democracias, o Judiciário brasileiro é o mais protegido e blindado dos nossos poderes, uma vez que o Legislativo e o Executivo estão expostos ao controle da imprensa e das mídias sociais, sendo obrigados a prestar contas à sociedade. O Judiciário não; vive numa caixa-preta, blindada. Nosso problema não é propriamente a ausência de leis, mas sim a ausência de sua aplicação.

2) O *due process of law* ou o devido processo legal originou-se no direito saxão por meio da Magna Carta como um princípio pelo qual ninguém poderia ser condenado sem um devido processo, que para ser válido e eficaz deveria seguir etapas previstas em lei.

O estabelecimento dos primeiros colonos ingleses no Novo Mundo fez com que o princípio migrasse da sua matriz inglesa e passasse a integrar o sistema jurídico norte-americano transformando-se num instrumento poderoso de defesa dos direitos individuais. A Quinta Emenda da Constituição norte-americana, conhecida como Bill of Rights, de 1791, determinou que "ninguém seria privado de vida, liberdade e propriedade sem o devido processo legal", estabelecendo assim o *due process of law* naquele país que depois seria adotado por diversos outros.

No Brasil, esse mesmo princípio garante que ninguém será punido sem um processo conduzido pelo Judiciário por meio de um juiz natural, assegurados ao réu o direito ao contraditório e à ampla defesa. Entre nós, o *due process of law* também se reveste sempre de uma dimensão recursal, uma vez que a decisão de um único magistrado pode ser analisada e julgada por um colegiado que pode confirmá-la ou modificá-la.

3) O duplo grau de jurisdição é uma evolução pela qual a sociedade entendeu ser fundamental ter essa revisão jurídica que se transformou num procedimento comum em todo o mundo, mas nenhum outro sistema jurídico do mundo civilizado comporta e possui quatro graus de jurisdição como o que temos aqui. Nosso problema não é o duplo grau, mas sim o quádruplo.

4) Existem dois grandes sistemas jurídicos no mundo ocidental: o sistema de direito positivo e o da *common law*, ou lei comum. Os sistemas de direito positivo baseiam-se na codificação escrita que estabelece regras para a aplicação da lei e para a condução dos processos nos quais a área de atuação dos juízes é mais reduzida. Nos sistemas da *commow law*, as decisões obedecem a uma *stare decisis* (*to stand by the decisions*) por meio de uma sentença formada sobre determinado tema que é aplicada aos demais casos semelhantes até que essa decisão venha a ser alterada.

5) Como então aperfeiçoar nosso sistema de direito positivo? Incentivando que nossos tribunais priorizem os incidentes de uniformização de tal forma que a maior parte dos temas discutidos possa ter aplicação dessa jurisprudência consolidada e que ela possa ser aplicada de imediato para qualquer processo que tenha as mesmas características, fatos e razões de pedir.

6) É interessante perceber que as diferenças entre os dois sistemas jurídicos não são mais tão rígidas e demarcadas como foram durante tantos anos, ocorrendo atualmente uma aproximação entre ambos, fato que é reconhecido por inúmeros estudiosos. Os países de *commow law* começaram a editar leis para aprimorar seus sistemas e os de *civil law* decidiram valorizar a jurisprudência. O Brasil vem fortalecendo seu sistema jurídico pela utilização crescente dos precedentes construídos

nos tribunais pelas súmulas vinculantes do STF e em controle concentrado de constitucionalidade e pelas Resoluções do STJ em matéria infraconstitucional.

7) O mundo atual gera um direito de massa que exige respostas rápidas para as contínuas demandas e que começou a ser invadido pela Inteligência Artificial (IA). Não podemos negligenciar o tamanho do perigo que a IA representa para a multiplicação de ações no Judiciário e temos assim que construir instrumentos semelhantes capazes de enfrentar essa nova realidade. Precisamos fazer da IA uma oportunidade e não apenas um problema.

8) Nosso sistema judicial não tem mecanismos de conciliação, acordo ou outras formas de autocomposição que poderiam resolver parte expressiva das demandas sendo muito mais econômicas para a sociedade, uma vez que o Judiciário é a mais lenta e a mais cara. Diversos países em todo o mundo têm cortes de conciliação que são maneiras legítimas de desviar os conflitos dos tribunais para elas e devemos começar a pensar em construir algo próximo para nós.

9) A Reforma Tributária foi finalmente aprovada e adotamos a cobrança do ICMS sobre o valor adicionado que será devido no destino e local de consumo e não mais no da produção, o que poderá pôr fim ou reduzir a guerra fiscal que nos acompanha há décadas. As empresas descontarão do valor que terão a pagar aquilo que já tenha sido pago por outros consumidores e contribuintes ao longo de toda a cadeia produtiva.

A grande ressalva é que temos um longo e complexo percurso a ser vencido até a primeira mudança em 2026, quando se implantará a alíquota teste até o distante ano de 2033, quando o IBS será cobrado em sua alíquota definitiva e o ICMS e o ISS serão extintos. Deveríamos e poderíamos ter sido muito mais ousados. O perigo está agora na atuação dos *lobbies* na regulamentação no Congresso.

10) Tivemos um aumento expressivo da carga tributária com todos os projetos aprovados em 2023, cujos impactos efetivos só serão sentidos mais adiante. Tínhamos uma pressão fiscal no governo Itamar Franco

de 28% que hoje é de 34%, e continuamos aumentando essa carga para suportar o déficit fiscal. É preciso entender que é necessário reduzir a estrutura e a natureza do nosso gasto público e ter coragem para fazer uma reforma patrimonial do país.

11) Os fiscos têm conseguido modular as demandas que lhe são desfavoráveis tornando o esforço da sociedade civil inócuo e mantendo assim recursos indevidos nos seus cofres. A Suprema Corte talvez sem perceber protege o Executivo, o que não ocorria em passado recente.

12) A prisão em segunda instância é necessária para que a justiça possa se fazer para pobres e ricos. Enquanto ambos não participarem de um sistema judicial comum, enquanto ambos não estiverem expostos a um sistema recursal semelhante, não teremos justiça.

13) Na Nova República, que implantou a reeleição, a sociedade brasileira vivenciou que os segundos mandatos presidenciais foram piores que os primeiros desses mesmos presidentes. Assim, deveríamos acabar com a reeleição prolongando o mandato presidencial de quatro para cinco anos, alinhando também os mandatos dos governadores, senadores e deputados para que o sistema fique harmônico. Quem sabe com essa mudança o país possa inspirar uma revisão semelhante em outros países da América Latina.

14) Que outra ciência humana ou social é tão antiga quanto o direito que se confunde com a própria Humanidade? Provavelmente nenhuma outra. É uma ciência atemporal. As leis são criações humanas para organizar a sociedade, criando regras lógicas que os homens podem entender, crer e obedecer. São narrativas que explicam a evolução humana e organizam o sentido das coisas. A linguagem a serviço de uma possível harmonia entre os homens. A inteligência humana ao invés da força. O processo em substituição à vingança. A alternativa da civilização à barbárie.

Essa crença no direito e na justiça é fundamental para que a sociedade brasileira volte a crer em ambos e que ela possa ser exercida para aperfeiçoar o que está disfuncional, recompondo o nosso tecido social ferido e esgarçado. Sou dos que acreditam, como disse Martin Luther

King, que "o arco da História é longo, mas pende para a justiça". Esse ensaio é uma tentativa de participar deste esforço para destravar nossa máquina judiciária, permitindo uma justiça mais rápida, tarefa tão importante quanto reduzir a disparidade de renda e de oportunidades, como refrear a segregação da população negra, quanto impedir a formação de guetos de exclusão social neste nosso país tão rico, mas tão desigual e injusto.

Referências

ADAMS, John. *David McCullough*. Nova York: Simon and Schuster, 2001.

ALÉM do lugar de fala. *O Globo*, 8 jan. 2024. Opinião.

ARBEX, Daniela. *Todo dia a mesma noite*: a história não contada da Boate Kiss. Rio de Janeiro: Editora Intrínseca, 2018.

ARIDA, Persio. A pesquisa em direito e economia: em torno da historicidade da norma. In: *Revista de Direito da Escola de Direito de São Paulo*, p. 60-73, 2005.

ARRUDA, Alvim. *Manual de direito processual civil*. 3. ed. São Paulo: Revista dos Tribunais, 1978.

BARROSO, Luís Roberto. *A judicialização da vida*. Belo Horizonte: Fórum Conhecimento Jurídico, 2021.

______. *Curso de direito constitucional contemporâneo*: os conceitos e a construção do novo modelo. São Paulo: Saraiva, 2015.

______. Manifestação no Instituto Brasileiro de Direito Processual ligado à Faculdade de Direito da Universidade de São Paulo (USP).

BASTOS, Celso Ribeiro. *Curso de direito constitucional*. Editora Saraiva, 1995.

BOBBIO, Norberto. *Dicionário de política*. Brasília: Editora da UnB, 1998. v. 2.

______. *Teoria da norma jurídica*. Brasília: Editora Polis; Universidade de Brasília. 1989.

CAPELLETTI, Mauro; GARTH, Bryant. *Acesso à justiça*. Tradução de Ellen Gracie Northfleet. Porto Alegre: Editora Fabris, 1988.

CARDOSO, Benjamin. *The nature of the judicial process*. Lectures at Yale University. Virginia: Yale University Press, 1921.

CHIOVENDA, Giuseppe. *Instituições de direito processual civil*. 2. ed. Campinas: Bookseller, 2000. v. III.

DAVID, René. *Os grandes sistemas do direito contemporâneo*. São Paulo. Martins Fontes. 2012.

FARAH, Said. *Lobby*. O que é: ética e transparência na representação junto a governos. São Paulo: Peirópolis, 2007.

FERREIRA, Ivan Nunes. *Estudos em homenagem a Sérgio Bermudes*. São Paulo: GZ Editora, 2023.

FRANÇA, R. Limongi (Org.). *Brocados jurídicos*: as regras de Justiniano. 2. ed. São Paulo: Revista dos Tribunais, 1969.

GIBBON, Edward. *Declínio e queda do Império Romano*. ed. abreviada. Tradução de José Paulo Paes. São Paulo: Companhia das Letras, 1989.

GOMES, Laurentino. *Escravidão*. São Paulo: Globo Livros, 2021. v. II.

HAMILTON, Alexander; JAY, John; MADISON, James. *Os federalistas*. São Paulo: Avis Rara, 2021.

HOLMES JR., Oliver Wendell. *The common law*. Chicago: American Bar Association, 2009 (ABA Classics).

KELSEN, Hans. *Teoría general del Estado*. Madri: Editorial Labor, 1934.

______. *Teoria pura do direito*. 4. ed. Coimbra: Armênio Amado, 1976.

KIKUCHI D'AVOLA, Luísa Victor. *A reeleição presidencial em debate nos sistemas políticos da América Latina*. Biblioteca digital de teses e dissertações da PUC-SP, 2018.

LASSALLE, Ferdinand. *A essência da Constituição*. Rio de Janeiro: Editora Lumen Juris, 2007.

LÊNIN. Vladimir I. *O que fazer?* Problemas candentes do nosso movimento. Rio de Janeiro: Editora Expressão Popular, 2015.

LERNER, Max (ed., sel.). *The mind and faith of justice Holmes*. Nova York: The Modern Library, 1943.

LEUCHTENBURG, William E. *Franklin D. Roosevelt and the New Deal, 1932-1940*. Nova York: Harper Torchbooks, 1963.

LOBATO, Monteiro. *Na antevéspera*. São Paulo: Editora Brasilense, 1955 (Obras completas de Monteiro Lobato, Literatura Geral, v. 6).

MANSO, Bruno Paes; DIAS, Camila Nunes. *A guerra*: a ascensão do PCC e o mundo do crime no Brasil. São Paulo. Editora Todavia. 2019.

MARTINS, Ives Gandra da Silva. *O sistema tributário brasileiro: uma análise crítica*. Revista dos Tribunais, v. 969, jul. 2016.

______. O sistema tributário brasileiro na Constituição de 1988. São Paulo: Editora Saraiva, 1989.

MEYER-PFLUG, Samatha Ribeiro (coord.). *Grupos de interesses (lobby)*. Brasília: Ministério da Justiça, 2009 (Pensando o Direito).

MINISTÉRIO DA FAZENDA. *Trabalhos da Comissão Especial do Código Tributário*. Rio de Janeiro: in separata, 1954. p. 89-90.

MONTESQUIEU. *Considerações sobre as causas da grandeza dos romanos e de sua decadência*. São Paulo: Editora Edipro, 2017.

______. *Do espírito das leis*. São Paulo: Martim Claret, 2017.

NASCIMENTO SILVA, Luiz Roberto. Artigos na página de Opinião do *O Globo*. Progresso que revela o racismo, março de 2014; Combate ao racismo no lugar de fala, maio de 2018; *Não podemos esquecer*, Sociedade de Psicanálise do Rio de Janeiro, 2017.

______. *Subsídios para uma reforma tributária*. Centro de Estudos Superiores, COAD, Rio de Janeiro, 1999. Estudos de Direito Tributário. Gilberto e a Reforma Tributária, Editora Forense, Rio, 1998; Violações aos direitos e garantias individuais em matéria fiscal, Editora Renovar, 1999, Rio de Janeiro.

POSNER, John A. *The problems of jurisprudence*. Cambridge, MA: Harvard University Press, 1993.

RAWLS, John. *Uma teoria de justiça*. São Paulo: Martins Fontes, 2000.

REALE, Miguel. *Lições preliminares de direito*. Edição de José Bushatsky. São Paulo: Martins Fontes, 1974.

RELATÓRIO Supremo em números: o foro privilegiado. Joaquim Falcão [et al.]. Rio de Janeiro: Escola de Direito do Rio de Janeiro da Fundação Getulio Vargas, 2017.

RIPERT, Georges. *Aspectos jurídicos do capitalismo moderno*. São Paulo: AM2 Editora e Distribuidora de Livros, 2021.

RODRIGUES, Nina. *Os africanos no Brasil*. São Paulo: Editora Companhia Nacional, 1977 (Brasiliana).

SENADO FEDERAL. 23ª Reunião Extraordinária da Comissão de Constituição, Justiça e Cidadania. Sala de Reuniões da CCJ. 7 jun. 2011.

SMITH, Monroe. *Jurisprudence*. Nova York: Columbia University Press, 1909.

TUSHNET, Mark. Os precedentes nos Estados Unidos. Tradução de Flavio Portinho Sirangelo. *Revista de Processo*, São Paulo. v. 38, n. 218, p. 99-110, abr. 2013.

US, 1803.

VANOSSI, Jorge Reinaldo. *Teoría constitucional*. Vol. I: Teoría constituyente. Poder constituyente: fundacional; revolucionario; reformador. Buenos Aires: Ediciones Depalma, 1975.

VARELLA, Drauzio. *Estação Carandiru*. São Paulo: Companhia das Letras, 1999.

WEBER, Max. *Economía e sociedade*. México: Fondo de Cultura Económica, 1944. v. III.

Autor

Luiz Roberto Nascimento Silva é advogado. Mestre em direito econômico pela Universidade Federal do Rio de Janeiro (UFRJ). Professor de direito tributário da UCAM e da Fundação Getulio Vargas (FGV). Tem extensão em administração pelo Institut Internacional d´Administration Publique de Paris. Foi Ministro da Cultura do governo Itamar Franco quando se construiu e consolidou a Lei do Audiovisual tendo sido um dos seus redatores antes de assumir o MinC. Foi também secretário de Cultura de Minas Gerais quando promoveu a maior recuperação de obras de arte barrocas roubadas e desaparecidas e concebeu as regras do Fundo Estadual de Cultura. É membro do Conselho Consultivo da FGV. Autor de mais de 14 livros. Na área jurídica publicou ensaios pelas editoras Forense e Renovar. Colabora com frequência na imprensa.

Este livro foi impresso nas oficinas gráficas da Editora Vozes Ltda.,
Rua Frei Luís, 100 – Petrópolis, RJ.